MÉDECIN
MALGRÉ MOI

DU MÊME AUTEUR
AU CHERCHE MIDI

Louis de Funès. Ne parlez pas trop de moi, les enfants !, en collaboration avec Olivier de Funès

Patrick de Funès

MÉDECIN
MALGRÉ MOI

Collection
Documents

le
cherche
midi

Préparation et coordination de l'ouvrage : Frédéric Dieudonné

© le cherche midi, 2008
23, rue du Cherche-Midi, 75006 Paris.

Vous pouvez consulter notre catalogue général et l'annonce
de nos prochaines parutions sur notre site Internet :
cherche-midi.com

Prologue

Voulez-vous, ô mon fils, devenir un grand médecin ?
Tâchez d'ignorer parfaitement la médecine et de posséder
à fond quelque science tout à fait étrangère.

Julien Offray de La Mettrie,
philosophe, médecin (1709-1751)

Je suis le fils d'un grand acteur. Mon père, persuadé que le talent était un don du ciel, évitait de critiquer les comédiens qui en avaient moins que lui. Il gardait ses flèches pour les amateurs qui jouent un personnage dans la vie en vue de berner les braves gens.

Devant le poste de télévision, tel un animal qui apprend à ses petits à sentir le danger, il nous aidait, mon frère Olivier et moi, à débusquer l'illusionniste : un intellectuel bien nourri pleurant sur la famine au Sahel ; un acteur vantant les mérites du communisme au milieu de ses domestiques ; un chirurgien se prenant pour un héros après avoir greffé un cœur, alors que la seule vie en jeu était celle de son malade.

Médecin malgré moi

Depuis, ces truqueurs se sont multipliés aussi vite que les chaînes du câble : un cuisinier herborise au lieu d'être à ses fourneaux ; après une visite au pape, un pétomane se prend pour l'archevêque de Paris ; une poupée Barbie sur le retour se prend pour Joséphine Baker, etc.

Sur 211 000 médecins français, je pose 40 000 imbéciles.
J'ignore les gynécologues, grands prédateurs d'utérus. Je raye les radiologues de ville qui n'y connaissent rien et les chirurgiens massacreurs. Par respect pour la sensibilité du lecteur, je m'abstiendrai de tout commentaire sur les médecins du travail. Je vire une bonne moitié des psychiatres. Je me débarrasse des liposuceurs, des nutritionnistes et des membres du conseil de l'ordre. J'élimine enfin les professeurs médaillés qui nous terrorisent à la télévision.
J'en retiens 100 234.

Un syndrome redoutable

> *Beau vieillard, vert sans doute, mais de ce vert particulier que lui donne le commencement de sa décomposition lente.*
>
> Jules Renard, *Journal*

Des pans de mon anatomie se ratatinent un peu plus chaque jour ; d'autres se dilatent, s'amollissent, s'effondrent. Teintures, liftings ou injections de collagène ne feraient que me donner l'air d'un cadavre embaumé. Subir la décrépitude de l'âge ne m'inquiète pas trop, mais l'idée de tourner au vieux con me terrorise. Je consulte un spécialiste :

« Vos inquiétudes sont légitimes, me dit-il. Dès la cinquantaine, les médecins sont très exposés à cette longue et pénible maladie, dont on sous-estime les ravages. La contamination est plus précoce chez les femmes ; les qualifier de jeunes vieilles connes, plutôt que jeunes connes, me semble davantage adapté à leurs symptômes. Actrices

et chanteuses, encore dans la fleur de l'âge, fuguent soudain sans crier gare. Des équipes de télévision les retrouvent hagardes, égarées dans des colonies de sans-papiers. Le vieux con, lui, aime se faire valoir, traquant jusqu'à la mort honneurs et décorations. À propos, je ne vois aucune pastille à votre boutonnière, c'est rassurant. Fréquentez-vous le Rotary ou le Lions Club ?
– Non.
– Avez-vous été chef de service, professeur ou membre du conseil de l'ordre ?
– Non, Dieu merci.
– Êtes-vous incollable en vins de Bordeaux ?
– Encore moins.
– Vous n'êtes pas golfeur... vous ne roulez pas en BMW ?
– Il ne manquerait plus que ça.
– Alors, vous n'êtes pas plus exposé au syndrome du vieux con qu'un non-fumeur au cancer du poumon. »
Le regard soudain durci, le spécialiste me dévisage...
« Pourquoi prendre le risque insensé d'écrire un bouquin ? L'exemple de feu le professeur Jean Bernard ne vous suffit-il pas ?... »
Les yeux de mérou de l'académicien me reviennent alors en mémoire. Quand j'étais externe à l'hôpital Saint-Louis, il était chef du service d'hématologie. Sa réputation frisait la sainteté, comme c'est souvent le cas chez les médecins qui ne diagnostiquent que des maladies incurables. Les familles des condamnés s'imaginent que le grand praticien porte aussi leur croix et se lamente des

nuits entières sur leur sort. À l'approche de la retraite, le professeur s'était spécialisé dans le roman pour midinettes. La tuberculose ayant perdu tout attrait littéraire depuis l'arrivée des antibiotiques, il avait compris que l'agonie d'un enfant leucémique valait bien celle d'une toussoteuse.

« Ton père est formidable dans *Rabbi Jacob*, me lança un jour l'un de ses assistants dans la cour de l'hôpital.

– Ton patron aussi : il vient encore de sortir un livre.

– Eh oui, que veux-tu : il écrit sous lui.. »

Les immortels de l'Académie française lui offrirent le fauteuil de Marcel Pagnol. Ils pensaient sans doute prendre une assurance, si d'aventure leurs globules venaient à déraper.

« Exercez encore trois ans, me conseille ma comptable. Tenez le coup, pensez à vos points de retraite.

– Pas question : je ne me ferais moi-même jamais soigner par un débris, pourquoi voulez-vous que je l'impose à mes patientes ?

– L'expérience est irremplaçable, insiste-t-elle.

– Pour tuer son malade, c'est certain… Avec l'âge, on devient trop sûr de soi. Si Air France remercie ses pilotes à soixante ans, ce n'est pas pour rien. Et puis, je ne veux pas finir comme Marilyn Monroe : en objet sexuel.

– J'ai du mal à vous suivre, docteur de Funès.

– Ma clientèle se compose essentiellement de femmes. Au fil du temps, un bon nombre se retrouvent seules ; par veuvage, mais aussi par largage. Les maris survivants partent apprendre le russe avec une créature pulpeuse

Les laissées-pour-compte, vite fatiguées de la psychanalyse et des tarots, se prennent à rêver de croisières en mer Rouge : "Ça fait bien dix ans que je viens chez vous, docteur de Funès ? Vous êtes toujours jeune, dynamique !" Elle se voit déjà au bras du vieux schnock à la soirée du commandant, avalant son omelette norvégienne sous le feu des canons à confettis. Prenons le large ! »

La vieille bique solitaire lance d'impitoyables battues dans tous les lieux susceptibles d'abriter un vieux bouc : salles de gym, permanences du FN, aumôneries, clubs de bridge sont passés au peigne fin. Ne pas négliger le bénévolat en unités de soins palliatifs, réserves giboyeuses de futurs veufs.

Je fus témoin il y a plusieurs années d'une réussite exceptionnelle, dans un centre anticancéreux, chez une candidate plus jeune. Ni belle ni laide, Diane était âgée d'une trentaine d'années. Ses parents étaient d'honorables charcutiers d'un gros bourg sarthois. Elle avait éconduit le boutonneux de la boulangerie, rêvant d'un beau quadragénaire fortuné qui l'emmènerait passer l'hiver sur une plage de cocotiers, et l'été sous un igloo quatre étoiles du Grand Nord. Après son stretching dominical, elle le rejoindrait à son terrain de golf dans une Mini Cooper grise. La chasseresse était pourtant consciente de la difficulté de l'entreprise. À cet âge de belle maturité, les hommes disponibles étaient soit gays, soit coureurs de jupons. Elle avait beau tourner le problème dans tous les sens, elle ne voyait qu'une solution : mettre le grappin sur un veuf.

Un syndrome redoutable

Adieu, rillettes, baguettes et bâtards ; Paris, à nous deux. Par quelques mignardises, Diane sut conquérir un cancérologue sur le retour qui fit d'elle sa secrétaire. Soucieux toutefois de préserver son image en vue d'une carrière médiatique, il lui expliqua, non sans tact, qu'il lui prouverait désormais la force de ses sentiments dans les toilettes, peu fréquentées, du sous-sol jouxtant la morgue. Elle sauta sur l'aubaine pour feindre l'indignation, et lui signifier leur rupture.

Diane devint dès lors aussi irréprochable qu'une dame catéchiste. Si un mâle venait à la flairer de trop près, elle se mettait à couiner comme une jument refusant l'étalon. Seules l'intéressaient les jeunes mères de famille susceptibles d'être emportées dans l'année par une tumeur au sein. Que de fronts elle tamponna, comme elle l'avait vu faire au cinéma. . en pure perte. La thérapeutique progressant, son cœur se pinçait lorsqu'elle voyait mari et femme quitter l'hôpital bras dessus bras dessous. Une amie psychologue la conseilla : « Sois toujours prévenante avec l'épouse, Diane. Parle-lui d'apaisement, de paix bientôt retrouvée... Ne fuis pas la mère de deux enfants et plus : le père sera vite débordé, vulnérable. Une fois belle-mère, tu les caseras internes dans un bon établissement. Reste sélective et concentre-toi sur les cas défavorables. Ta fonction te donne accès aux dossiers de toutes les patientes : c'est une chance inespérée ! »

Les médecins du centre se félicitaient de leur nouvelle recrue : « Jamais nous n'avions connu une secrétaire aussi investie et passionnée. Elle nous inonde de questions :

"Du carcinome intracanalaire de grade 1 et de grade 3, lequel est le plus grave ? Le degré de la différenciation cellulaire compte-t-il aussi ? Vous dites que le zona sonne le glas du cancéreux : quelle terrible expression ! Est-ce vrai ?" etc. »

Diane mettait donc de côté les dossiers les plus tragiques : une malade de trente-cinq à quarante-cinq ans, de milieu social aisé, présentant une tumeur à forte évolutivité, avec, si possible, des ganglions axillaires envahis et des métastases.

« Ah, monsieur Monestier, vous venez chercher votre femme ?

– Oui. Vous avez été d'un grand réconfort, je voulais vous remercier, mademoiselle.

– Appelez-moi Diane...

– Moi, c'est Franck : venez voir sur le parking : j'ai une surprise pour ma femme.

– Oh, Franck, quelle merveille, cette petite voiture ! Ce n'est pas une Austin ?

– Si, une Cooper. Ça va lui remonter le moral. Elle se dira que si je la croyais perdue, jamais je ne lui offrirais ce cadeau.

– Vous êtes un gentleman, Franck. Et ce gris perle est d'un chic... »

Six mois plus tard, Franck épousait Diane, et ses deux filles étaient admises chez les demoiselles de la Légion d'honneur.

Le yin et le yang

Que ceux qui se morfondent dans leur travail ne désespèrent pas. Selon la philosophie chinoise, nous sommes soumis à l'oscillation de deux énergies opposées : le yin et le yang.

Pour ma part, pendant des années, j'ai dû supporter en silence le babillage de radiologues idiots et les aboiements de chirurgiens à l'emporte-pièce. Je me croyais condamné à jamais aux forces négatives du yin. Puis, le cours des événements changea. Pour la énième fois de la journée, une gynécologue médicale me bassinait au téléphone ; le bac de son fils, les amours de sa fille… tout y passait. Que s'est-il passé dans mon cerveau ? un court-circuit dans le cortex ? un bogue de mes noyaux caudés ? Mon hallucination était saisissante de réalisme : debout derrière la gynécologue, je lui passais le fil du combiné autour du cou et commençais à serrer. C'était, à s'y méprendre, la scène où Grace Kelly se fait étrangler, dans *Le crime était presque parfait*.

Médecin malgré moi

Ma décision était prise : je ne fréquenterais plus ni médecins ni malades. À peine eus-je résilié mon inscription au tableau de l'ordre que le yang, après des années d'absence, non seulement refit surface, mais, comme une valeur injustement malmenée en Bourse, se mit à rattraper tout son retard. Depuis, je continue d'aller de surprise en surprise. J'ai eu, par exemple, l'agréable surprise d'échanger quelques mots avec un chirurgien. J'ai même rencontré un cancérologue indifférent aux studios de télévision et un spécialiste en soins palliatifs qui ne se prenait pas pour Bernard-Henri Lévy.

DU BON SENS DES VÉTÉRINAIRES

Le caniche de la boutique de vins et spiritueux, rue de Montpensier, fut pris dernièrement d'une diarrhée incoercible : il avait ingurgité des croquettes pour chats. Son vétérinaire ordonna une journée de diète, un antibiotique intestinal et un antispasmodique. Le flot pestilentiel semble tari, puisque le chien trône de nouveau sur son coussin, installé devant les grands crus de Bourgogne.

Les humains aussi ont la diarrhée, qu'ils aiment appeler « un petit embarras ». À la fin d'un succulent dîner chez un jeune chef inventif, les intestins d'un ami accueillirent fort mal une crème « retour des îles » métissée au gingembre. Pourquoi diable consulter un généraliste de quartier, lorsque la mutuelle offre un spécialiste de haute volée ? Celui-ci fut catégorique : aucun traitement ne devait être mis en œuvre avant une culture des selles.

« Apportez-les dans un bocal au laboratoire de la rue de Castiglione : je leur fais entièrement confiance, commanda-t-il.

– Ne pourrais-je pas prendre un antibiotique et un antispasmodique ?
– Pas avant les résultats. Un germe redoutable, présent dans les bouses de vache, peut contaminer les pommes au sol, puis coloniser votre intestin.
– Mais il n'y avait pas de pommes dans mon dessert : c'était une crème « retour des îles »…
– Hélas, c'est truffé de buffles, sous les tropiques, une contamination des mangues ou des papayes est vite arrivée. »

Mon ami prévint la collaboratrice qui avait partagé ses agapes.

« Bébé, tu m'affoles ! lui répondit-elle. Depuis quelques heures, je sens des gargouillis au niveau des ovaires. En dessert, moi j'ai pris une "déclinaison autour de la cerise" : imagine qu'une d'elles ait été ramassée sur une bouse… Je file à l'hôpital consulter un professeur.

– Ce n'est pas bien grave, la rassura sur place un bel homme aux tempes grisonnantes. Mais "par prudence", on va vous faire une coloscopie. Ce sera l'occasion de découvrir des petites bricoles qui deviendront sûrement des cancers plus tard. Je suis un fervent adepte du dépistage. Nous passerons le tube par le haut également, pour inspecter votre estomac. Il se peut que ce soit l'*Helicobacter pylori*, cette bactérie qui provoque des ulcères pouvant s'avérer malins. Ne craignez rien, vous serez anesthésiée, et c'est totalement remboursé. Ça vaut le coup, non ?

– …

– Dites-moi, vous l'aviez avant ce grain de beauté dans le cou ?

Du bon sens des vétérinaires

– Oui.

– Faites-moi voir ça ? Oh... Il était noir comme ça ? Il n'a pas un peu grossi ? Courez en dermatologie, c'est peut-être un début de mélanome. Pendant que j'y pense, voici une brochure qui présente les 30 000 produits cancérigènes, travail remarquable d'un spécialiste de renommée mondiale. Vous découvrirez que vous risquez votre vie rien qu'en nettoyant les WC. »

Mon ami me demanda conseil. « Fais comme moi dans ces cas-là : prends de l'Intetrix, ça ne coûte que 3 euros. » Le pharmacien eut beau arguer que ce produit n'était plus guère employé, dès le lendemain, mon ami et sa collaboratrice étaient aussi bien portants que le caniche des vins et spiritueux.

Les vétérinaires ne manquent pas de bon sens. Pour un chien, un chat, un cheval, même pour un cochon d'Inde, j'ai souvent eu affaire à eux. Lorsque j'arrive au cabinet sans rendez-vous, aucune secrétaire collet monté ne m'annonce que « le docteur s'occupe d'une urgence ». Pas d'effets de manche, ni de componction empesée : les médecins pour animaux s'expriment sans renifler, parlent à leurs patients, leur grattent les oreilles, les apaisent, leur auscultent le cœur et les poumons. Ils envisagent d'abord le diagnostic le moins grave et le plus fréquent. Les médecins pour humains, avant même de les interroger, les enfournent la tête la première dans des tubes d'IRM (imagerie par résonance magnétique).

Conseil médical :

Achetez un chien – un chihuahua si vous êtes tendance, un labrador si vous êtes bobo. Il sera votre prétexte : au moindre examen que vous conseille votre médecin, emmenez-le chez un vétérinaire pour prendre un deuxième avis.

« Allez, Chaussette, donne la papatte. C'est quoi ça ? un pipi ? Oh, excusez-le, il est comme son maître, il n'aime pas les docteurs…

– Pourquoi me l'avez vous amené ? Il va très bien.

– Dieu soit loué ! Je vous embrasserais presque, docteur. Je m'inquiète pour des petits riens en ce moment, mais je passe des moments difficiles : l'urologue veut m'enlever la prostate… Et vous, vous la retirez aussi aux chimpanzés qui pissent la nuit ? Il paraît qu'ils sont faits comme nous. »

ÉNARQUES CONTRE MÉDECINS

J'aurais été certainement plus épanoui vétérinaire, mais une faiblesse chronique en mathématiques m'interdit ne fût-ce que l'idée de m'inscrire au concours d'entrée de Maisons-Alfort. La malédiction de la neuvième symphonie fit le reste.

Elle fut la dernière œuvre de bien des grands compositeurs : à peine le dernier accord posé, ils passaient de vie à trépas. Schubert n'eut même pas le temps d'achever la sienne. Et si Antonin Dvorák avait eu la bonne idée de tirer sa révérence à sa huitième, je serais peut-être éleveur de poulets ou marchand de tableaux, mais sûrement pas médecin. L'adagio de sa *Symphonie du Nouveau Monde* était l'indicatif des émissions médicales d'Igor Barrère et Étienne Lalou. Hypnotisé par sa grandiloquence, je partis m'inscrire à l'école de médecine de la rue des Saint-Pères, à Paris. Tout fut d'une simplicité enfantine : mon bac sciences expérimentales faisait de moi un polytechnicien. À l'inverse des vétérinaires, qui limitaient le nombre de leurs étudiants, les médecins en étaient encore aux opérations portes ouvertes. Un débile léger pouvait très bien finir docteur. Certains praticiens de nos jours, pour bien souligner leur intégrité intellectuelle, se gratifient du titre ronflant de « lauréat de la faculté de médecine », signifiant qu'ils n'ont jamais redoublé. J'en profite pour préciser que les petits trucs bizarres qui pendouillent parfois sous le nom de votre médecin n'ont aucun rapport avec ses études : ce sont simplement ses décorations, françaises et étrangères, censées, sans doute, être pour le patient une garantie de compétence.

La simplicité des études médicales était la conséquence de la guerre sans merci que les nouveaux énarques avaient déclarée aux médecins, lesquels leur raflaient des sièges de députés un peu trop facilement à leur goût. Leur art de vivre, leur culture, l'estime que leur portait le peuple les indisposaient au plus haut point. Les technocrates, en vue de les faire tomber de leur piédestal, mirent au point un plan astucieux : si on quadruplait le nombre de docteurs, leurs revenus diminueraient d'autant, et ils perdraient alors de leur superbe. Je fis partie de cette fournée. Cette tactique remporta un grand succès. Dès le milieu des années 1970, les serviettes en cuir veau noir firent place aux cartables en skaï. La dilution de l'espèce médicale aurait eu encore de belles années devant elle, sans l'apparition d'un dérapage extravagant des dépenses de santé.

Les énarques inversèrent alors leur stratégie : s'inspirant des vétérinaires, ils construisirent un barrage quasi infranchissable pour le passage de première en deuxième année. Neuf étudiants sur dix furent ainsi éjectés sans sommation ; la progéniture des professeurs devait toutefois bénéficier d'un régime de faveur, afin de perpétuer les grandes dynasties. Car nul n'ignore que le sens du diagnostic et l'habileté opératoire se transmettent génétiquement. Désormais, la faculté devait sortir de ses chaînes de fabrication un produit standard, élevé aux hamburgers, et dont la culture se limitait aux performances d'un ou deux footballeurs du moment. Les quelques borborygmes constituant l'essentiel de son vocabulaire – « Hum, hum, je vois, je vois » – étaient parfaitement adaptés à sa mission. Mais les places sont chères, gare aux délateurs : « Monsieur le doyen, il est de mon devoir de vous signaler que Marc F., étudiant en CPEM1, dissimule un livre d'un certain Flaubert dans son journal *L'Équipe*. »

J'entends d'ici les protestations indignées des doyens : « Comment osez-vous insinuer que les fils et filles de nos distingués professeurs sont favorisés ? Ignorez-vous que les copies sont anonymes ? C'est aussi ignoble que de prétendre que les membres du conseil national de l'ordre des médecins voyagent aux frais des cotisants. »

Les temps ont dû changer car, à l'époque, tout le monde savait que les rejetons patronesques présentant le concours de l'internat inséraient dans leurs copies des expressions convenues, afin d'être reconnus des correcteurs. Les étudiantes franchiraient en plus grand nombre la ligne d'arrivée : elles sont un meilleur investissement pour l'assurance maladie. Une fois installées, elles ne consulteront pas le mercredi, jour des enfants ; le matin, elles barboteront à la piscine ; le lundi, c'est ravioli, mais aussi stretching ; le mardi, point de croix ou réunions Tupperware.

Nous apprécions aujourd'hui, dans toute leur splendeur, les effets de cette politique ingénieuse. Ainsi, le médecin généraliste est devenu un simple robot de compagnie à visage humain. Il passe son temps à monter et descendre les escaliers. Rien ne lui est épargné : les cocufiages, les récits de doigts baladeurs... Et quand il ne prête qu'une oreille lointaine à ces déballages, on l'accuse d'inhumanité. Une situation tellement déplorable qu'on vient de mettre sur pied un plan de réintroduction de médecins de campagne, copié sur celui des ours slovènes. Quant aux spécialistes, ils ne reçoivent plus personne avant trois mois ; les chirurgiens, tremblotants, semblent évadés d'une maison de retraite ; les gynécologues, pris de lumbagos, sont incapables de se redresser après avoir examiné l'entrejambe de leurs patientes.

Récemment, au marché, je croisai Gérard Duchemin, généraliste :

« Vous admirez ces poireaux, mon cher de Funès.

– Oui, dans un vase, ils auraient meilleure allure qu'une botte de glaïeuls. Au moins, ceux-là n'ont pas poussé dans des champs d'épandage.

– Eh oui, que voulez-vous, désormais, seul le rendement compte... Nous autres généralistes sommes obligés de voir au moins trente malades par jour pour couvrir nos frais. Et en prime, nous sommes traités comme des domestiques. Tenez, devant ces mêmes poireaux, il n'y a pas une heure, un patient m'est tombé dessus : "Docteur, quel soulagement de vous rencontrer, me dit-il, ma femme se plaint de douleurs dans la poitrine. Serait-ce trop vous demander de m'accompagner à la maison ?" Il avait l'air inquiet, et un refus pouvait me conduire devant les tribunaux. J'ai embarqué le bonhomme et son sac à provisions qui empestait le céleri et l'andouillette. Après dix kilomètres de virages en épingle à cheveux, nous avons aperçu sa femme au jardin qui jouait à la balle avec son boxer. "Elle se porte comme un charme !" m'étonnai-je. Savez-vous ce qu'il m'a répondu ? Je vous le donne en mille ! "Cher docteur, je vous ai menti... Je n'avais pas envie de prendre l'autocar pour rentrer. Mais nous y gagnons tous les deux : vous empochez le montant d'une consultation et je suis remboursé. Ce qui n'aurait pas été le cas avec un taxi." »

Souvenirs d'externat

En troisième année d'études, je fus nommé externe des hôpitaux. Mon premier poste était en oto-rhino-laryngologie. Je n'y restai qu'une matinée.

« Aidez-moi, je vais retirer une mèche », me demanda le patron. Cela n'avait rien d'une leçon de coiffure la mèche en question était un long ruban de gaze qui fermentait depuis une semaine au fond d'une narine. Mon rôle se bornait à tenir un réceptacle en forme de haricot sous le nez du patient. Dès que le premier centimètre de charpie apparut, je m'enfuis aux toilettes.

J'atterris en ophtalmologie. On examinait encore le fond d'un œil en collant le sien, armé d'un mince objectif, contre celui de son vis-à-vis. Je fus bientôt assailli de relents d'ail et d'oignon, mêlés à des effluves d'eau de Cologne bon marché. Je retenais mon souffle avant de plonger mon regard en apnée dans les profondeurs aqueuses. Dès que j'en apercevais le fond, au bord de l'étouffement, je basculais en arrière pour reprendre ma respiration.

On m'envoya un jour en psychiatrie examiner deux malades. Le premier, abruti de tranquillisants, ronflait dans un lit à bas flancs. Un flacon de perfusion, pendu à un porte-sérum, se balançait à deux mètres au-dessus de sa tête. Les montants latéraux m'empêchaient de m'approcher assez de son visage. Je grimpai dans sa couche, quand j'entendis l'infirmière s'écrier « Attention ! » Le bras gauche du dormeur s'était saisi du porte-sérum et le dirigeait vers mon crâne. Je ne risquais rien du second malade : il baignait dans un coma profond. Mais lorsque j'aperçus les bulles blanches éclatant aux commissures de ses lèvres à chaque expiration, je prétextai un étourdissement et me mis en congé maladie.

Je me retrouvai peu après en pneumologie, à l'hôpital Beaujon. Le service se résumait à un couloir traversant le bâtiment dans sa longueur. Au milieu, des salles communes et, de part et d'autre, les chambres réservées aux cancéreux. Celles des femmes, alors peu nombreuses à fumer, étaient pratiquement vides ; les hommes en occupaient plus d'une bonne dizaine. De nos jours, les proportions seraient au moins égales, sinon inverses. Aucun malade ne survivait. L'externe devait assister à l'autopsie de ceux dont il s'était occupé. Par chance, mon collègue répugnait lui aussi à être le témoin du dépeçage d'une personne avec laquelle il avait bavardé : nous échangions nos défunts.

Souvenirs d'externat

Ce service portait le mauvais œil. Peu avant mon arrivée, l'assistant avait été emporté par une leucémie. Selon une infirmière, il surveillait lui-même au microscope la multiplication de ses globules malins. Celui qui venait de le remplacer me demanda de lui décrire le contenu d'un crachoir. Face à mon refus, il me prit en grippe. J'appris peu après mon départ qu'il s'était pendu. Je fus navré d'apprendre que le patron l'avait suivi d'assez près, succombant à une maladie dont on ne me précisa pas la nature.

Au service de gynécologie obstétrique d'un grand hôpital parisien, j'ai vu arriver des femmes tremblantes de fièvre, qui s'étaient essayées elles-mêmes à l'avortement, avant sa légalisation en 1975. À l'époque, un nombre considérable de jeunes mères abandonnaient leur enfant. Le patron appartenait à la race de ces chirurgiens accoucheurs d'autrefois : solide, placide, ne présentant aucune velléité de vedettariat. Rosemonde Fougasse, son assistante, était tout son contraire : femme charpentée au teint doré par le soleil de Saint-Tropez, elle rêvait de devenir ministre. Accaparée par son cabinet des beaux quartiers et en perpétuelle campagne électorale, elle n'apparaissait que le lundi matin – en retard. Ses talons frappaient le bitume avec l'assurance forcée d'un bataillon de fantassins. Sur le seuil, elle stoppait sa charge, inspirait, puis ouvrait en douceur la porte coulissante comme s'il s'était agi d'un rideau de scène. Elle faisait alors son entrée, saluant l'immense salle d'attente d'un ample mouvement du bras, et s'engouffrait dans l'ascenseur. Elle en ressortait, deux étages plus haut, en culotte et soutien-gorge, avant de bondir vers le bloc opératoire avec ses vêtements sous le bras.

En août, le patron parti à la pêche aux crevettes, Rosemonde devenait chef de service. Si l'une de ses riches clientes débarquait dans l'urgence, elle s'arrangeait pour la recevoir entourée d'un aréopage d'internes et d'externes. Je me souviens d'une jeune patiente qui attendait, allongée sous un drap, en salle d'opération :

« Je vais faire une cœlioscopie à cette jolie dame qui désire un bébé, clama Rosemonde. C'est sous anesthésie : vous ne sentirez rien ma chérie ! lui assura-t-elle tout en lui tapotant la plante des pieds. Alors, vous voyez, par un petit trou à côté de ce petit nombril bronzé, je vais enfiler un tube, une sorte de périscope. N'écoutez pas, ma petite chérie… Pensez à autre chose, détendez-vous. Tenez ! Lui, par exemple, c'est le fils du gendarme de Saint-Tropez ! »

Une brève secousse fit onduler le drap.

« Dans le viseur, je vais voir vos jolis ovaires et vos petites trompes utérines, ma cocotte ! Je vais vous injecter du bleu de méthylène dans l'utérus. Si, de mon périscope, je le vois sortir de vos trompes, c'est gagné : le beau garçon qui vous huilait le dos cet été au club n'aura plus qu'à se mettre au travail et vous faire un bel enfant ! Maintenant, vous autres, sortez. Je ne veux que l'anesthésiste et la panseuse. » Et d'ajouter entre haut et bas : « La petite choute est très pudique. Montrer un petit bout de fesse, elle en mourrait ! »

Dix minutes plus tard, elle me rappela.

« Mon petit de Funès, venez ! Appelez les autres, il ne faut pas rater ça ! »

Tandis que je battais le rappel, la tignasse noir corbeau de Rosemonde s'agitait entre les jambes écartées de sa patiente, totalement nue :

« Je pousse le bleu ! criait-elle. Mes enfants, regardez dans le tube comme il ressort bien en cascades... Ça vous rappelle quoi, mon petit de Funès, à vous qui aimez la peinture ?

– Euh... *L'Origine du monde* de Courbet.

– Quel blagueur, celui-là ! C'est bien le fils de son père ! Je ne parle pas du bas, voyons, mais du contraste entre le bleu et le jaune des ovaires. Écartez-vous un peu... »

Couchée sur la jeune femme, elle manœuvrait son périscope avec l'application d'un sous-marinier.

« Quelle splendeur ! C'est un pur Vlaminck fauve.. Sortez tous, maintenant · elle va se réveiller. »

L'externat me donna l'occasion de rencontrer mon premier vrai illusionniste de la médecine : un chirurgien. S'afficher stalinien permettait à certains forcenés du bistouri d'être nommés chefs de service dans les municipalités communistes ; c'était le cas de celui-là. Il se prenait pour le Petit Père des peuples : il étreignait dans leur lit les malades inscrits au parti et regardait à peine les autres.

Mais en salle d'opération, gaullistes, juifs, catholiques, musulmans ou trotskistes recevaient des soins équitables : tous ressortaient boiteux, cagneux, incontinents et infectés.

Germaine, l'infirmière en chef, était parfaitement assortie à son patron vénéré. Grâce à moi, elle fut un jour la vedette involontaire d'un intermède comique. Henriette Beauparlant, une vieille demoiselle, s'était réveillée d'une anesthésie l'esprit embrumé. Sa conversation était un peu désordonnée, sans avoir rien perdu de son élégance. Le Soviet suprême n'aimant guère la fantaisie, il la fit placer dans une cellule capitonnée, baptisée « cabanon », sans le moindre scrupule. Ce matin-là, comme il était occupé à estropier quelques militants de gauche, c'était l'interne qui conduisait la visite. Y assistaient Germaine, quatre petites élèves infirmières jolies comme des cœurs et moi-même. Nous entrâmes dans le bunker de mademoiselle Beauparlant. Les gens dont l'esprit s'égare ont souvent de l'à-propos :

« Quel plaisir de vous voir, docteur ! me lança Henriette Beauparlant avec un grand sourire et sans un regard pour les autres.

– Comment vous portez-vous ce matin, mademoiselle ? » l'interrogeai-je sur le même ton.

Impatiente, Germaine commençait à onduler de la croupe vers la sortie. Il ne lui manquait que le va-et-vient d'une queue pour chasser les mouches. Soudain, mademoiselle Beauparlant jeta un œil sur la revêche, avant de me demander :

Souvenirs d'externat

« Docteur, vous êtes content d'elle ? »

Le Petit Père des peuples n'aimait pas Louis de Funès et me le faisait sentir ; je faisais mon possible pour l'exaspérer. J'empruntais des voitures de luxe pour le simple plaisir de les garer à côté de sa guimbarde : le lundi, la Jaguar de mon père, le mardi, la Mercedes d'un ami ; le mercredi, j'arrivais dans ma Triumph et le jeudi, j'oubliais de venir. Pendant ses visites du matin en salle commune, il m'aurait bien passé par les armes.

« D'où venez-vous ? Vous êtes en retard ! me lançait-il dès mon arrivée.

– Excusez-moi, monsieur, j'arrive de Saint-Tropez, mon avion avait un peu de retard.

– Sortez. On n'a pas besoin de vous.

– Puisque vous me le proposez si gentiment, je vais monter à cheval. »

L'assistance pouffait dans ses draps.

Il n'aurait pas hésité à m'éjecter *manu militari*, s'il n'avait pas craint que je lui nuise auprès d'amis journalistes que je voyais tous les jours.

Pendant les gardes, les externes accueillaient les urgences. Je m'occupais ainsi des bobos bénins, et si je le jugeais nécessaire, je réveillais l'interne, qui pouvait à son tour demander de l'aide par téléphone à un assistant ou au patron. Madame Nekrassov, la surveillante des urgences, était une femme entre deux âges. Peinturlurée et crêpée jusqu'au plafond, elle se prenait pour une minette.

« Prends garde, m'avaient prévenu mes prédécesseurs : si elle prétend que ta blouse est sale, ne l'accompagne jamais à la lingerie, elle te culbuterait sur les ballots. De toute façon, en cas d'urgence sexuelle, ses deux brancardiers marocains lui suffisent. »

Je n'eus moi-même jamais à me plaindre de la moindre familiarité de la part de cette ancienne beauté des HLM. Quand la police ou les pompiers livraient un accidenté, bien vite emmené par les deux athlétiques Maghrébins, j'ai souvent aperçu à travers les vitres de leur véhicule l'ombre de l'épaisse chevelure de madame Nekrassov faire de nombreux va-et-vient.

J'ai toujours été incapable de nouer un lacet, alors suturer une arcade sourcilière relevait pour moi du prodige : je serrais les dents et suais à grosses gouttes. Quand enfin, par miracle, le fil s'engageait dans sa boucle, cette maudite Nekrassov, regardant par-dessus mon épaule, miaulait : « Serrez fort... » Seule la peur du gendarme me retenait de lui sectionner la carotide.

Une nuit, les pompiers nous amenèrent un motocycliste renversé par une voiture, les deux jambes fracturées. Je réveillai l'interne : après une injection de morphine et des radios, on le conduisit au bloc opératoire. Je m'étonne *a posteriori* qu'on n'ait pas envisagé de lui poser des broches. Mais, comme c'est souvent le cas lorsqu'on a assisté à une scène d'horreur, la mémoire occulte certains détails : que le lecteur me pardonne donc le flou de mon récit.

Le blessé endormi, l'interne se mit à recoudre la plaie de la jambe gauche, et moi celle de droite. Il commençait à s'agacer de ma lenteur, quand l'anesthésiste s'alarma de la chute régulière de la tension artérielle du blessé. De neuf, elle passa à huit, puis à sept : « Il y a sûrement une hémorragie interne. La rate a dû en prendre un coup. Il faut l'ouvrir. » Un ange passa : ce bref silence nous permit d'entendre un flic-floc provenant de sous la table : en nous baissant, nous vîmes une mare rouge qui venait déjà lécher le tissu des bottes de l'interne, lequel s'exclama : « Nom de Dieu, ça vient de son dos : retournons-le ! Ça alors, il y a un trou ! On va le transfuser. »

Deux flacons de sang y passèrent. Sa tension remonta d'un cran.

« Ses poumons présentent une artère rompue, déplora l'anesthésiste. Nous ne sommes pas équipés pour de la chirurgie thoracique, et il est intransportable. Que faire ?

– J'y songe, dit la panseuse, l'interne de pneumologie dort dans son service, on pourrait lui demander conseil ?

– Mais qu'est-ce qu'il fait là ?

– Hospitalisé : il est tuberculeux. »

Ce qui fut dit fut fait. L'interne malade arriva en pyjama, nous toussant ses bacilles de Koch au visage.

« Je vais ponctionner la plèvre, annonça-t-il. Vite, un trocart. »

Il perfora le blessé, tel un picador embrochant son taureau. Du tube de caoutchouc fixé au trocart sortit un flot rouge qui nous éclaboussa tous. La fuite l'emportait largement sur l'approvisionnement : les stocks d'hémoglobine de la ville de Paris n'y auraient pas suffi. Lorsque sa tension tomba à trois, son cœur s'arrêta. Le décor était digne de *Massacre à la tronçonneuse*.

Le lendemain, les embrassades reprirent leur cours ; la popularité de l'héroïque patron était à son apogée. Grâce à son enseignement, j'obtins 17 sur 20 à l'examen de sémiologie de fin d'année. Sujet : les signes cliniques de l'embolie pulmonaire.

Je revois encore ce kinésithérapeute, incrédule, au chevet de sa patiente, qui, bouche grande ouverte, fixait le plafond de ses yeux vides. Comme chaque matin, il était venu lui mobiliser sa cheville plâtrée.

« Comment ça va aujourd'hui ?
– Très bien.
– Pas de troubles de la sensibilité ? Vous sentez bien quand j'appuie là ?
– Aïe ! C'est mon oignon.
– Parfait. Faites bouger vos orteils. Continuez. Pourquoi vous arrêtez-vous ? Oh, la paresseuse... Allez, courage ! C'est pas le moment de vous endormir. »

Il était en train de secouer le gros orteil d'une morte. Un caillot avait empêché l'irrigation du poumon et avait soudain migré au cœur.

JE CHOISIS LA RADIOLOGIE

Ces expériences hospitalières eurent au moins le mérite de me démontrer que je n'avais aucune des qualités requises pour devenir généraliste – encore moins chirurgien. Le cœur, l'estomac, les intestins m'ennuyaient à mourir. Il me fallait une discipline qui me tienne à l'écart des odeurs corporelles. L'idéal aurait été de travailler dans un laboratoire truffé d'éprouvettes, de microscopes, de centrifugeuses et de bien d'autres appareils qui n'ont jamais mal au ventre.

Hélas, la prudence la plus élémentaire m'interdisait d'y songer : je suis atteint d'hypermétrie ; mes gestes dépassent leur but. Ma maladresse vaut bien celle de Peter Sellers dans *La Party*. Je suis la terreur des nappes brodées et des cristaux de Bohême. Lors d'une épreuve pratique de chimie, j'ai interverti les flacons que je devais analyser avec ceux de mon voisin de paillasse. Résultat : un zéro pointé pour chacun.

Si j'avais dirigé un laboratoire d'analyses médicales, des anorexiques se seraient retrouvés avec le taux de cholestérol d'un avaleur de crème fraîche. Cela dit, même un responsable de laboratoire attentif peut être trahi par la bêtise de son personnel. Philippe, un de mes amis marchand de dessins anciens, ne s'est jamais attardé dans les salles d'attente des médecins : il préfère, de loin, courir les salles des ventes. Un petit faible pour les abats lui valut néanmoins quelques crises de goutte. Il fut bien obligé de se soumettre aux mesures régulières de son taux d'acide urique.

Il recevait régulièrement ses résultats par courrier, lorsqu'un matin, il décacheta une nouvelle enveloppe – s'attendant à des chiffres merveilleux, puisqu'il avait tiré un trait sur les tripes, l'andouillette et la saucisse de Morteau. Or, à la place des habituelles colonnes, il découvrit une lettre, dont l'auteur lui donnait du « Mon cher confrère » : le prendrait-on pour un médecin ? La suite dément cette hypothèse : « Nous préférons cette fois vous envoyer directement les analyses de votre patient, monsieur Philippe M., dont la formule sanguine présente des anomalies caractéristiques d'une leucémie »

Heureusement, ses artères coronaires tinrent le coup à la lecture de ces bonnes nouvelles. Il se cloîtra tout un week-end, puis décida de prévenir de sa mort imminente son frère, médecin lui-même, lequel l'adressa immédiatement à un professeur d'hématologie. Diagnostic : cette altération était assez fréquente à la soixantaine ; elle méritait juste une surveillance.

Je choisis la radiologie

Marie, une autre de mes amies fut, elle aussi, victime d'une bévue de laboratoire. Elle était venue chercher ses analyses de frottis.

« Pendant que j'y suis, je vais prendre les résultats de mon fils, suggéra-t-elle à la secrétaire.
– Nous n'avons pas encore reçu les tests de sérologie du sida.
– Pourquoi ?
– Ils sont en cours de vérification
– Comment ça ?
– Sans doute parce qu'il est sorti positif. Revenez lundi. »
Affolée, elle me demanda ce que j'en pensais. Un microbiologiste, à qui je racontai l'histoire, n'en crut pas ses oreilles. « Quelle bande de cons ! s'écria-t-il. On ne dit jamais des choses pareilles. Rassure-la, c'est fréquent : on pratique deux tests. L'un des deux, peu fiable, sort très souvent positif Les résultats de l'autre sont presque toujours négatifs. »
C'était le cas.

De toutes les disciplines, la radiologie avait l'énorme avantage de me séparer de l'*Homo sapiens,* un peu comme les orangs-outans du Jardin des Plantes le sont par une épaisse cloison vitrée. Ce privilège n'aura hélas qu'un temps : l'invention de l'échographie devait vite me rapprocher des aisselles malodorantes. Mais je ne serais jamais pris pour un médecin – et je m'en félicite.

« Vous n'avez pas voulu devenir acteur, comme votre père ? » me demandait-on lorsque j'apparaissais en blouse blanche.

À question idiote…

« Je préfère rester de l'autre côté de la caméra… »

Face à moi, des yeux fixes et interrogateurs me prouvaient qu'aucun circuit cérébral n'avait réagi à mon trait d'humour. Je précisais donc, en appuyant sur les labiales : « Je filme des organes. »

Un frémissement des pupilles, un discret clignement : l'influx nerveux s'était mis en branle. Un petit coup de pouce s'imposait toutefois, pour fortifier l'impédance : « Je suis radiologue. »

En retour, arrivait comme un écho : « Vous n'êtes pas médecin, alors ? »

Mes parents s'imaginaient que j'allais emprunter la filière de l'internat : ils se berçaient d'illusions. Je n'étais pas prêt à me cloîtrer pour préparer ce concours. Je préférais finir paisiblement mes sept années de médecine, persévérer trois autres années dans une spécialité sans trop me fatiguer, et enfin, passer le certificat d'études spéciales de radiologie.

D'anciens internes, relations de mes parents, me prenaient à part : « Sacrifie deux années de ta vie, tu ne le regretteras pas, tu appartiendras à l'élite de la médecine. Nous formons une vraie famille : nous fréquentons les mêmes plages, les mêmes magasins. Nous avons nos clubs de vélo, de cigares… »

Mes parents s'aperçurent bien vite que je ne tenais pas compte de ces avis éclairés. La préparation du concours était incompatible avec mes séjours dans les boîtes de

Je choisis la radiologie

nuit. Régine m'intéressait plus que ces esculapes à nœud papillon. Des disputes éclatèrent. Je fus sauvé par la vésicule biliaire de ma mère.

Elle s'était mise à se plaindre de tournis lorsqu'elle se levait un peu vite. Elle prit conseil auprès d'un ancien interne des hôpitaux de Paris, copain d'enfance de mon oncle. Il était mondialement connu pour sa maîtrise de l'orifice anal. Il avait inspecté des croupes de ministres, de présidents, et même d'altesses royales : c'est tout dire.

Moi, simple étudiant, je diagnostiquai une banale hypotension orthostatique, désagrément sans gravité survenant après une légère fatigue. L'ancien interne des hôpitaux de Paris n'était pas de cet avis :

« Chère amie, c'est une paresse de votre vésicule biliaire. Mangez-vous de la salade ?

– Oui, les laitues de notre potager. Toutes biologiques, cher docteur.

– Et bien sûr, vous l'assaisonnez. Avec quelle huile, sans indiscrétion ?

– De l'huile d'olive, première pression à froid. »

L'ancien interne des hôpitaux de Paris leva les bras au ciel :

« L'huile d'olive, de première, deuxième ou troisième pression à froid – ou à chaud – est un poison pour l'intestin ! Votre côlon s'irrite, vos selles se décalent et n'arrivent plus à heure fixe. Par réaction, votre vésicule devient aussi inerte qu'un gant de toilette. L'intestin grêle peine à la tâche ; il se tord sur lui-même, les muqueuses s'irritent, deviennent perméables aux toxines fécales, lesquelles passent dans le sang et montent à votre cerveau, après être passées par les cavités cardiaques, d'où ces vertiges… »

Cette diatribe affola mon père, sur le point de tourner *La Folie des grandeurs* en Espagne. Gérard Oury n'était pas loin de penser que ce projet était poursuivi par le mauvais sort : Bourvil disparu, il avait fallu récrire le scénario et lui trouver un remplaçant. Et voilà qu'au moment de partir enfin, Louis de Funès s'était mis en tête que son épouse risquait sur place un empoisonnement à l'huile d'olive… Gérard Oury était dans un tel état que, de nos jours, on lui aurait proposé de bonne grâce une cellule de soutien psychologique. Je pris son parti :

« Il est gâteux, votre docteur ès trou du cul !

– Ne parle pas sur ce ton d'un ancien interne des hôpitaux de Paris, protesta mon père. Toi qui n'es même pas capable de te présenter à ce concours prestigieux !

– Il a bien une tête à avoir été reçu premier. Tu devrais t'en inspirer pour un de tes rôles. »

On trouva un compromis. Gérard ferait venir chaque jour du beurre de Normandie par avion, et un container d'huile de tournesol serait acheminé en même temps que les costumes.

Ma mère, séduite par l'Espagne comme par aucun autre pays, découvrit le goût inimitable des frites dorées a l'huile d'olive. Ses vertiges disparurent instantanément.

La vésicule biliaire n'est rien d'autre qu'un petit morceau verdâtre et fielleux qu'on retire du poulet avant de le cuire. Comme les volaillers, les médecins montrent une irrépressible tendance à y mettre un coup de bistouri. À

Je choisis la radiologie

six ans, on perd ses amygdales ; à cinquante, sa vésicule biliaire. C'est bien simple, cet organe n'existe pas à l'état normal : s'il ne fuit pas, il s'obstrue ; s'il n'est pas agité de spasmes, il est aussi inerte qu'une méduse morte. C'est une mine de pierres précieuses, dont l'exploitation contribue à la ruine de l'assurance maladie : les calculs. Ils n'ont ni l'éclat, ni la valeur du rubis, mais font le bonheur des radiologues, échographistes, chirurgiens, gastro-entérologues, pharmaciens et j'en passe.

Je rejoignis le professeur Maurice Laval-Jeantet, à l'hôpital Saint-Louis. Je ne fréquenterais dorénavant que des services de radiologie.

Spécialités anciennes

En ces temps éloignés, l'IRM, le scanner et l'échographie n'existaient pas. Si on voulait entrevoir ne fût-ce que l'ombre du cerveau, il fallait être un peu bourreau dans l'âme. Le propriétaire de l'encéphale suspect était ligoté sur un fauteuil à bascule, un assistant le pliait en deux tout en se couchant sur sa nuque. L'exécuteur des hautes œuvres lui enfonçait alors dans le dos une aiguille à tricoter creuse.

« Ne bougez pas, vous allez finir paralysé. Ça y est, ce n'était pas la peine de crier. Maintenant, j'injecte de l'air. Vous avez mal à la tête ? C'est normal, ce sont les petites bulles qui montent, comme dans un aquarium. On vous bascule la tête en bas, les pieds en l'air : ne craignez rien, vous êtes attaché. Ça va aller mieux, le petit oiseau va sortir. On repart par l'autre côté : cui-cui, une photo ! C'est la Foire du Trône remboursée par la Sécu ! Bien, vous allez tourner sur vous-même comme une toupie : fermez les yeux pour ne pas avoir le tournis... C'est fini, vous voyez ? Ce n'était pas si terrible que ça. Vous avez envie de vomir ? Les toilettes sont sur la gauche en sortant. J'oubliais : surtout, ne vous couchez pas pendant vingt-quatre heures, c'est plus prudent. Vous aurez les résultats dans quinze jours. »

Le rétropneumopéritoine était une autre merveille (nostalgie, quand tu nous tiens...). L'opérateur, les pieds bien rivés au sol, introduisait un index aussi loin que possible dans le derrière du condamné. De sa main libre, il l'empalait un centimètre au-dessus de l'anus avec une longue aiguille guidée par le doigt enfourné. Si celui-ci était transpercé, le rectum l'était aussi. Comme pour l'encéphalographie gazeuse, on injectait par le trocart une bonne goulée d'air qui s'infiltrait entre les reins, les glandes surrénales, les muscles, créant des images du plus bel effet.

Quant à la thermographie des seins, son seul avantage fut de donner un avant-goût des diagnostics abusifs de cancer du sein. On eut l'idée d'utiliser les caméras infrarouges nouvellement mises en service sur les lignes haute tension d'EDF pour photographier les différences de température à la surface des seins. On prétendait alors qu'une tumeur maligne pouvait dégager une chaleur anormale. C'était oublier qu'un sein n'est pas un câble électrique : il est fait de veines, d'artères, de tissus glandulaires, lesquels constituent aussi des sources de chaleur. Autant chercher une aiguille dans une botte de foin.

Spécialités anciennes

La patiente était torse nu et bras en l'air devant l'appareil. Une sorte de fût de canon bleu ciel, fumant de vapeurs d'azote liquide, ainsi que deux puissants ventilateurs lui réfrigéraient la surface des seins, et lui mettaient les cheveux à l'horizontale.

L'examen s'avéra vite aussi juteux pour les anatomopathologistes et les chirurgiens que l'actuel dépistage systématique. Deux patientes sur trois en ressortaient marquées d'une tache rouge suspecte. Celles qui échappaient au sceau de l'infamie en étaient quittes pour une pneumonie. De nos jours, cette méthode paraîtrait ahurissante.

Heureusement, peu défendirent cette mirifique technologie, qui s'avéra inutile, ruineuse et dangereuse. Aucune actrice sur le retour ne prétendit avoir été sauvée par l'azote liquide. Aucun radiologue médiatique travesti en cosmonaute ne se fit photographier dans *Paris Match* en hélicoptère, caméra pointée sur des pylônes électriques. Les cancérologues désintéressés pouvaient encore s'exprimer dans la presse : la *Star Academy* cancérologique n'était pas encore née.

Les cabinets de mammographie dignes de ce nom tournèrent les talons et les caméras retournèrent chez EDF. Pourtant, l'idée d'imprimer sur Polaroid les émissions de chaleur du sein eut encore de belles années devant elle. Un kit bon marché, composé d'une plaque thermosensible, sur laquelle était posé le sein, et d'un appareil photo bas de gamme, fit le bonheur de bien des radiologues malhonnêtes. 25 000 francs d'investissement, à 300 francs l'examen, ça valait le coup.

2004, Maison européenne de la photographie. Une exposition passionnante : « La photographie et l'occulte ». Images de lévitation, d'ectoplasmes et de fantômes, tout aussi trafiquées en ce début de XXe siècle que le sont les images numériques au XXIe. À la librairie du musée, j'échange quelques mots avec la conservatrice. On lui passe l'appel d'un visiteur impressionné par certains clichés : il voudrait savoir s'il est encore possible de faire mesurer son énergie corporelle. La dame explique alors avoir entendu parler d'une voyante, qui utilise des plaques miraculeuses sur lesquelles on pose sa main. La thermographie n'est pas perdue pour tout le monde

Histoires d'os

Brillant, le professeur de radiologie Maurice Laval-Jeantet s'était lancé, avec sa femme, dans l'étude de la décalcification, sans se douter qu'il serait à l'origine d'une technique qui ferait vingt ans plus tard le bonheur des femmes aisées : l'ostéodensitométrie.

Pour servir son invention, son petit laboratoire de recherches consommait autant d'os qu'un chenil. Il lui fallait des vertèbres, des fragments de maxillaires, des dents prélevés sur des cadavres. Il demanda un volontaire pour accomplir la besogne. Aucun de mes collègues n'ébaucha un pas en avant. Mais Cri-Cri, aide-soignante, me poussa à accepter :

« Vas-y, mon chou ! Raymond et Roger, les garçons de salle qui y travaillent, sont des copains, on se fait plein de petites fêtes. »

Après tout, Molière l'écrit dans *L'Amour médecin* : « Un homme mort n'est qu'un homme mort, et ne fait point de conséquence. » Dès le lendemain, je frappai donc à la porte vitrée de la morgue. Cri-Cri fit les présentations. Raymond, petit homme pâle et malingre, me tendit son coude, tout occupé à essorer la chevelure humide d'une grosse dame bien morte. Les joues colorées, Roger était plus imposant.

« Grouille, recouds-lui le bide, pressa-t-il son collègue, l'apéro attend.

– Pat et moi, on vous attend au salon, leur lança Cri-Cri en m'entraînant vers une salle tapissée de draperies noires à franges blanches. C'est la salle réservée aux membres du personnel quand ils passent l'arme à gauche », me précisa-t-elle.

Six couverts avaient été dressés au milieu de la pièce.

« J'ai préparé un petit couscous, m'annonça l'hôtesse, manifestement à l'aise dans ce lieu de cocagne. Tu aimes le muscadet ? Parfait ! Roger ! En emmenant ta copine dans la chambre froide, n'oublie pas de ramener le blanc, il est sous le brancard du 32 ! »

Le festin se transforma en repas d'affaires. Mes hôtes avaient bien compris que leur nouvel ami Pat, fils du grand acteur, n'allait pas devenir équarrisseur pour les beaux yeux de son patron. Ils étaient prêts à m'aider : je leur proposai de me remplacer, en les dédommageant de 50 francs la vertèbre et 20 francs la dent.

Je réalisai au fil de mes visites que je n'étais pas leur seule source de revenus occultes. Des chirurgiens venaient s'exercer sur des chairs mortes avant de passer aux fraîches ; d'autres, pour d'obscures raisons, prélevaient des hypophyses dans des crânes. Le bâtiment constituait le décor idéal d'un film gore. Les cadavres étaient alignés dans une vaste chambre froide vaguement éclairée par la lueur venant de la salle d'autopsie. Des cercueils s'entassaient par dizaines dans un couloir. Un chat somnolait dans l'un d'eux. Ma curiosité envers les animaux me donna envie de l'observer. Ceux qui s'intéressent aux félins savent dans quelle hystérie ils entrent lorsqu'ils sont tenaillés par la faim. Mais même le ventre vide, celui-là ignorait les foies ou les cœurs que Roger déposait sur une balance. J'en déduisis que les chats ne s'approchent jamais de la chair humaine.

*

Quand ses « petites affaires » disparaissent, une femme de qualité se fait offrir une cuisine italienne et une ostéodensitométrie. Le radiologue n'a pas besoin d'autorisation préfectorale ni de casino pour installer cette curieuse machine à sous. Un réduit à poubelles ou une ancienne lingerie suffisent. Inutile de lire le mode d'emploi : on effleure une touche luminescente, et hop ! la machine éjecte un ruban gravé de chiffres et de courbes énigmatiques.

Pas d'inquiétude si le sens en reste mystérieux : une femme respectable se doit d'être décalcifiée. Comme souvent en imagerie, quand un radiologue n'y connaît rien, il gagne en renommée. Il scrute le serpentin d'un œil impénétrable, dans un silence pesant, jusqu'à ce que sa patiente manifeste des signes d'angoisse. Tombe alors son diagnostic, implacable :

« Vous présentez une légère ostéoporose
— Je m'y attendais, répond une voix faible. Mes jambes sont lourdes, elles me font horriblement souffrir. Après le coiffeur, je n'ai même plus la force d'aller chez ma couturière... Cela se soigne-t-il ?
— Votre gynécologue va s'en occuper », la rassure-t-il avec humilité.

Ma thèse

C'est fort à propos qu'Hippocrate dit dans son premier aphorisme :
« *Vita brevis, ars vero longa, occasio autem praeceps, experimentum periculosum, judicium difficile.* »

Molière, *Le Médecin volant*

Après trois nouvelles années d'études, interrompues par dix-huit mois de coopération technique en Tunisie, j'obtins du premier coup le certificat d'études spéciales et me retrouvai spécialiste en électroradiologie sans être docteur en médecine. J'avais simplement oublié de rédiger ma thèse.

En 1973, Maurice Laval-Jeantet m'en dénicha le sujet idéal : la description des signes radiologiques chez deux patients atteints du syndrome de Maffucci, une maladie rarissime – vague histoire de membres déformés à la fois par des tumeurs osseuses et veineuses. Je pouvais m'en acquitter en quelques pages. Entre une tasse de thé et un délicieux roulé à la fraise, il me dicta chez lui un texte dont je ne compris pas un traître mot.

La soutenance eut lieu dans une salle riche en boiseries. Le président parut très satisfait : comme tous les professeurs de médecine, il n'avait lu que la bibliographie. S'il m'avait posé la moindre question, j'aurais été aussi fumeux qu'un ministre présentant dans une émission littéraire un essai signé par lui et écrit par un autre.

Le jeune thésard doit prêter le serment d'Hippocrate ; je n'ai pas le souvenir d'avoir énuméré cette suite de lieux communs, scribouillée par un protégé de Platon en 400 avant J.-C. Une chose est sûre : je ne portais ni toge ni sandales.

Le conseil de l'ordre des médecins

J'appris peu après qu'un groupe de radiologues de Changeuil, près de Paris, cherchait un nouvel associé. Leur cabinet se trouvait dans une banlieue populaire – aujourd'hui, on dirait « à risques ». Mais avant d'exercer, il me fallait d'abord m'inscrire au tableau de l'ordre des médecins. « Avez-vous apporté votre diplôme ? » me demanda une dame du meilleur genre. Je lui tendis un rouleau de parchemin noué d'un ruban de satin rouge. « Pourquoi est-ce écrit en gothique ? Mais… Vous êtes diplômé des hospices de Beaune ? » J'avais emporté par erreur le diplôme de chevalier du tastevin décerné à mon père sur le tournage de *La Grande Vadrouille*.

Je sentis à son regard que la dame commençait à me prendre pour un farfelu.

« Avez-vous au moins apporté votre extrait de casier judiciaire ?

– C'est nécessaire ?

– Indispensable, répliqua-t-elle. Est-il vierge ?

– C'est grave s'il est défloré ? » demandai-je par pure curiosité.

L'expression de mon interlocutrice sembla soudain empruntée à un bouledogue.

« Vous avez été condamné ? » s'écria-t-elle en amorçant un recul, tout en tirant des deux mains son paletot sur sa jupe de flanelle.

De simple farfelu, je devenais exhibitionniste ou violeur.

Je me forçai à l'immobilité. Mon manteau bien boutonné la rassura. Elle se détendit.

« Comprenez-nous, docteur : nous ne pouvons décemment confier les malades à des criminels.

– Tranquillisez-vous : mon casier est blanc comme neige. Au fait, quels sont les délits qui entraînent un refus d'inscription ?

– C'est à l'appréciation du conseil régional de l'ordre. C'est très variable, il n'y a pas de règle, répondit-elle sur un ton évasif. Êtes-vous certain de ne rien avoir oublié pour votre dossier ?

– Je ne vois pas.

– Vos états militaires.

– J'ai fait mon service en coopération technique en Tunisie, en 1970.

– Il faut le prouver, au cas où vous auriez été réformé pour raisons psychologiques. Vous seriez alors obligé de passer devant une commission de trois psychiatres, qui décideraient de votre aptitude à approcher des malades. C'est pour écarter les schizophrènes, voyez-vous ? »

Le conseil de l'ordre des médecins

Les femmes étant à l'époque dispensées de service militaire, j'en déduisis que les psychopathes étaient plus nombreux chez les doctoresses.

Cette inquisition bureaucratique commençait à m'échauffer les oreilles. Je me confiai à un ami généraliste :

« N'oublie jamais que le conseil de l'ordre a été créé par le régime de Vichy, en 1942, en même temps que la fête des Mères. "Travail, famille, patrie, magouille et compagnie" pourrait être leur devise.

– Je croyais que le général de Gaulle l'avait dissous à la Libération.

– La belle affaire... Il ne lui a fallu qu'un an pour renaître de ses cendres grâce à un ministre communiste. Depuis, sa structure n'a pas changé. L'ordre se compose de trois instances : le conseil national, les conseils départementaux et les conseils régionaux. Chacune d'elles rassemble une vingtaine de membres élus et un président. Son mode électoral s'apparente au système compliqué d'assemblage du vin de Xérès, la *solera* : les fûts sont empilés en pyramide et, lors de la mise en bouteilles, on ôte d'abord ceux du bas – les plus vieux – qu'on remplace par les vins plus jeunes de l'étage supérieur. On préserve ainsi le goût des cuvées anciennes et leur charme indéfinissable. D'où cet air feutré, ce goût de la dissimulation, ce je-ne-sais-quoi qui rappelle les pratiques du KGB. Les conseils départementaux de l'ordre ne sont pas seulement des chambres d'enregistrement, ce sont surtout des officines de dénonciation. C'est un milieu imprévisible, ne la ramène pas trop. »

Il est vrai que les boîtes aux lettres de l'ordre jouent le même rôle que les *bocca di leone*, gueules de lion en marbre placées de part et d'autre de l'entrée du palais des Doges, où les Vénitiens glissaient jadis des lettres de délation. Lors de leurs réunions hebdomadaires, les membres du conseil font leurs délices de ces plis, disposés comme des macarons dans une coupe, au centre de la table d'acajou. Ces commérages concernent souvent des confrères voisins. L'auteur en est même parfois l'un des membres. La victime du corbeau est alors convoquée par une lettre onctueuse à souhait.

Après une entrevue bien consensuelle, le prévenu est expédié aux assises ordinales. Le conseil régional lui infligera une peine symbolique s'il est des leurs, lourde s'il est gênant. Par conséquent, les peines prononcées pour un même délit peuvent être aussi variées que les fromages de France. Un médecin condamné pour conduite en état d'ivresse par un tribunal de police pourra être privé d'exercice à Versailles, et ne récolter qu'un simple avertissement dans une région viticole. Un gynécologue du sud de la France abusait de ses patientes après les avoir endormies au Valium. Il fut condamné à sept ans de prison ferme pour viol aggravé, mais le conseil régional ne le gratifia que de trois ans d'interdiction d'exercice. Sa peine purgée, il put s'installer dans une autre commune.

Mon diplôme des hospices de Beaune aurait été retenu sans problème, si au lieu du gothique, il avait été écrit en cyrillique : Russes, Serbes, Bulgares sont accueillis à bras

Le conseil de l'ordre des médecins

ouverts. Sans eux, les hôpitaux n'auraient plus qu'à fermer leurs portes, faute de main-d'œuvre.

Il y a deux ans à peine, je connus un patron qui, ravi de son assistant tchétchène, décida de le presenter au concours de praticien hospitalier afin de se l'attacher définitivement. Lorsqu'il lui demanda de lui traduire la lettre d'un patient russe, il découvrit avec stupeur que son protégé ne parlait pas un mot de la langue de ses pseudo-études, tout en s'avérant un excellent opérateur. Moralité : autant recruter les chirurgiens chez les ébénistes, les plombiers ou les bouchers : le malade ne s'en porterait pas plus mal.

Le président du conseil national règne sur ce noble bazar. On pourrait aisément le comparer à l'un des derniers Habsbourg, altesse impériale nommée par des princes électeurs.

Son rôle se borne à mirer les pontes des ministres de la Santé et de les faire gober à ses sujets – les membres. En récompense de ses bons et loyaux services, il est à l'abri de tout contrôle fiscal. De plus, l'altesse ordinale a le privilège de voyager aux côtés du monarque de l'Élysée. Entre deux baignades, après lui avoir palpé le foie, il suggérera volontiers à un émir de laisser le whisky pour le cognac, produit bien français. Dans sa mission complexe, il est épaulé par le comité d'éthique médicale, une assemblée de vieux sages dont la seule obsession est de se découvrir les uns chez les autres des signes de la maladie d'Alzheimer.

Médecin malgré moi

Si l'Académie française rédige et actualise les dictionnaires, le conseil national de l'ordre, lui, veille sur le code de déontologie médicale, qui rassemble une centaine d'articles littéralement volés au théâtre de Molière. Conserver le texte original aurait épargné au lecteur bien des lourdeurs :

« Le respect dû à la personne ne cesse pas de s'imposer après la mort. » (article 2 du code)

« Allez. Si elle meurt, ne manquez pas de la faire enterrer du mieux que vous pourrez. » (Molière, *Le Médecin malgré lui*)

Le code de déontologie médicale a beau largement emprunter à l'auteur du *Tartuffe*, il n'omet pas pour autant d'honorer la mémoire et le style de son père fondateur : le maréchal Pétain. Ainsi, l'article intitulé « Déconsidération de la profession » met à portée d'arbalète n'importe quel confrère qui dérange ou déplaît :

« Hors de son exercice professionnel, et surtout dans les petites villes, où ses faits et gestes sont connus de tous, le médecin se doit de garder un comportement en rapport avec la dignité de ses fonctions. Il déconsidère la profession médicale s'il se signale à l'attention du public par une intempérance notoire, une conduite en état d'ivresse, un délit de fuite, des abus de confiance ou la violation grave d'engagements contractuels, notamment s'il s'abstient systématiquement de régler ses dettes… »

Le corbeau n'a plus qu'à timbrer ses enveloppes. On imagine sans peine les délibérations :

« Notre confrère Henri Roubier a été aperçu rue des Fourbisseurs avec la fille du menuisier. Qu'en pensez-vous, cher président ?

− Je suis formel : cela contredit la dignité de ses fonctions. Si encore il pratiquait l'adultère avec la femme d'un ancien interne des hôpitaux de Paris, ou tout simplement sa secrétaire, l'honneur de la profession serait sauf... »

L'anecdote qui suit est une criante illustration de la bêtise ordinale. Chef d'un grand service, Christian Martin fait partie des nombreux professeurs, inconnus des chaînes de télévision, qui méritent vraiment le respect. Devant faire une communication au congrès de neurologie de Nantes, il demanda à sa secrétaire de lui réserver une chambre d'hôtel pour deux nuits. À son arrivée, l'Hostellerie du cerf aux abois n'était pas plus connue de son taxi que de l'office de tourisme. Christian se réfugia alors au Sofitel, pour découvrir à son retour que sa collaboratrice, nulle en orthographe, avait réservé sa chambre à Nant, bourgade touristique de l'Aveyron.

Stupéfait, il téléphona à l'aubergiste pour s'excuser de la méprise, et se proposa gentiment de le dédommager du montant des arrhes pour sa réservation. Âpre au gain, le commerçant ne voulut rien entendre et exigea le remboursement total de ses deux nuitées. Essuyant un refus justifié, il s'en plaignit auprès du conseil de l'ordre. Celui-ci pria le neurologue de donner satisfaction au Thénardier, afin de ne pas ternir le prestige de la médecine. Christian ne l'entendit pas de cette oreille, estimant que passer pour un imbécile ne contribue pas à rehausser le niveau. Il fut sanctionné par un avertissement. Sa carrière est désormais à la merci des ragots du voisinage.

En vertu de l'article 9

Je me félicite d'avoir coupé les ponts avec tout ce qui touche, de près ou de loin, l'ordre des médecins : ne payant plus de cotisations, je suis certain de ne plus avoir à participer à des banquets de petits potentats. Je ne peux plus approcher un malade sans risquer d'être accusé d'exercice illégal de la médecine. Et surtout, je suis débarrassé à tout jamais de l'épée de Damoclès que constitue l'article 9 du code de déontologie médicale :

« Tout médecin qui se trouve en présence d'un malade ou d'un blessé en péril ou, informé qu'un malade ou un blessé est en péril, doit lui porter assistance ou s'assurer qu'il reçoit les soins nécessaires. »

Je viens même de découvrir dans la presse, jamais à court de nouvelles désagréables, que ne pas se signaler à l'équipage d'un avion quand on demande un médecin était passible de plusieurs années de prison et des milliers d'euros d'amende. C'est ridicule : les cabines regorgent de docteurs. À peine l'hôtesse a-t-elle énoncé la requête que des carabins boutonneux de deuxième année et des humanitaires se pressent autour d'elle. Des membres du conseil de l'ordre accourent de la classe affaires, tandis qu'un vieillard, voûté sur sa canne, avance péniblement du fond de la classe éco : « Laissez-le passer, c'est mon mari, il fait partie du comité d'éthique médicale. »

Mon frère Olivier est commandant de bord à Air France. Il y a quelque temps, sur un vol Paris-Pointe-à-Pitre, une de ses passagères fut victime d'un malaise. Un médecin proposa immédiatement son aide, mais on lui préféra un autre, qui avait sur lui sa carte professionnelle. Le premier manifesta bruyamment sa mauvaise humeur.

« On m'écarte parce que je suis noir. C'est de la discrimination. Si vous croyez que ça va se passer comme ça... »

Voyant sa fureur grandir, l'équipage s'inquiéta.

« Vous êtes racistes, je devrais vous casser la gueule ! »

On prévint mon frère du danger : il lui expliqua calmement que s'il ne regagnait pas son siège, un comité d'accueil de la maréchaussée l'attendrait à l'arrivée. Ce fut suffisant.

Quant à moi, je ne fus mis à contribution qu'une fois. C'était sur la Tunisair, pendant ma coopération. Nous venions de décoller d'Orly, quand l'hôtesse vint me trouver discrètement :

« Monsieur de Funès, une dame s'est évanouie... elle vient d'être opérée à cœur ouvert. Pouvez-vous aller voir ? »

Hélas, la cardiologie n'était pas mon fort. La dame voyageait seule. Drapée dans un sari à fleurs, elle avait déjà repris ses esprits. Son pouls était satisfaisant. Le commandant demanda à me parler : « Je ne veux prendre aucun risque, me dit-il. Nous sommes encore en montée : si vous avez le moindre doute, je la débarque à Lyon. »

J'étais attendu à Carthage pour dîner, un retard ne faisait pas mon affaire.

« Elle est surtout angoissée : elle va s'évanouir pendant la descente, répondis-je. Alors, autant que ce soit sur Tunis. Vous n'auriez pas une bouteille d'oxygène ? Ça la requinquera. »

On demanda aux passagers de cesser de fumer et de reculer de trois rangs. Je fis un paisible voyage ; comme prévu, la dame eut quelques vapeurs à la descente, mais reprit conscience dès que les roues touchèrent la piste. Cet épisode me valut une réputation de génie de la cardiologie.

Ainsi que toute loi de république bananière, l'article 9 est interprétable au gré des humeurs : « recevoir les soins nécessaires » ne veut pas dire grand-chose. Si, comme il arrive souvent le dimanche dans les brasseries, une grand-mère s'étouffe avec une feuille de salade, son voisin de table, médecin de son état, doit-il la trachéotomiser à l'aide d'un couteau à huîtres ?

C'est l'article 9 qui m'incita à quitter le charme bucolique de la campagne pour l'agitation parisienne. J'étais parmi de beaux chiens et chevaux, et tout aurait continué pour le mieux si la route ombragée qui traversait le village n'en avait pas croisé une autre. Pas une semaine ne s'écoulait sans accident. Alors que des dizaines de médecins résidaient aux alentours, Dieu sait pourquoi, c'est toujours à mon portail qu'on sonnait.

En vertu de l'article 9, je me rendais sur place pour apporter réconfort aux victimes, en attendant les pompiers. J'étais l'urgentiste idiot du village : la fille du maire se prenait-elle un livre de sa bibliothèque sur la tête, que j'étais réquisitionné pour lui tenir compagnie jusqu'à l'arrivée du généraliste. Ce manège atteignit son comble le jour où, tandis que je savourais une blanquette de veau, un voisin m'avertit que le patron du bistrot avait voulu se tirer un coup de fusil de chasse dans la bouche. Il avait mal visé : la chevrotine lui avait arraché l'oreille gauche et un morceau de crâne.

En vertu de l'article 9, je mis la blanquette au chaud. Cela valait le déplacement : le bonhomme, encore assis sur sa chaise, avait l'air d'un de ces petits singes de Macao encore vivants dont on mange la cervelle avec une cuiller à entremets.

« Cet abruti m'a salopé toute la pièce ! » pestait son épouse, une main sur la hanche et l'autre pointant d'un geste accusateur des traînées rouges sur le mur.

En vertu de l'article 9, j'appelai les pompiers. À son arrivée, le chef sapeur m'ignora totalement. Je n'avais qu'une envie : m'en retourner achever ma blanquette. Mais qui sait, il m'aurait peut-être dénoncé ? Ses subordonnés recouvrirent vaguement les méninges du fusillé, l'emballèrent dans du papier argent comme un saumon en papillote, avant de l'enfourner dans leur camion.

« Vous l'accompagnez à l'hôpital, madame ?
– Ben oui. Tu viens, Shirley ?
– Non, je reste, c'est mieux : il faut que je nettoie toute cette saleté », répondit une grosse fille d'une vingtaine d'années tout en frottant le sol avec une vieille serpillière.

Ma blanquette avalée, je déménageai pour m'installer sur l'esplanade du centre Georges-Pompidou. Habitant désormais dans une rue piétonne, j'échappais à la servitude des tôles embouties et des jambes massacrées. Mais les cas d'alcoolisme semblaient me poursuivre. Je vivais dans un ancien hôtel de passe retapé. Le hall d'entrée était si exigu qu'on ne pouvait le traverser sans buter sur le couple de gardiens. Le teint bistre du mari n'avait rien à envier à celui du monsieur qui s'était fait sauter la calebasse. Et les pompiers ne tardèrent pas à revenir...

C'était par une chaude nuit de juin. La veille, le gardien avait joyeusement fêté la promotion de l'aîné, passé chef de quai à la gare des Batignolles. Je fus sorti de mes songes à l'aube par les cris de la gardienne. C'est mon nom qu'elle hurlait :

« Docteur de Funès ! Docteur de Funès ! »

La référence à ma profession ne présageait rien de bon. J'enfilai un pantalon ; ça se précisait derrière la porte.

« Mon mari est mort ! »

Cela avait le mérite d'être clair : plus personne n'était en danger, j'étais donc soulagé d'une partie de l'article 9. Toujours selon le code, il me restait à prodiguer réconfort et compassion à son épouse.

« Mon Dieu, comment est-ce arrivé ? murmurai-je, la mine défaite.

— Il s'apprêtait à sortir les poubelles. Il s'est précipité aux toilettes et il en est ressorti les yeux injectés de sang.

— Mon Dieu... et alors ? ajoutai-je (ces allusions répétées au Créateur faisaient un peu ecclésiastiques, mais elles me semblaient en harmonie avec l'article 9).

— Il est tombé comme une masse, venez voir ! »

Impossible de me dérober : je prendrais mon café plus tard. La victime, face contre terre, était coincée dans la ruelle du lit, fesses à l'air. Pas besoin d'être diplômé de la faculté Xavier-Bichat pour comprendre qu'il était raide mort. Afin de me donner une contenance, je lui soulevai un peu la tête par les cheveux. Pas de doute, il avait implosé. Ses yeux fixes étaient écarlates ; du sang suintait de sa bouche et de son nez. Il présentait aussi une petite plaie au front, due sans doute au bord de sa table de nuit. Le commentaire de sa moitié ne faisait que confirmer l'origine du sinistre :

« Il avait vingt-neuf à trente de tension, rendez-vous compte... Quand je pense que nous venions tout juste de payer nos dettes... »

Les pompiers arrivèrent une demi-heure plus tard. Ils me tournèrent le dos au moment où je me présentais à eux. Après avoir allongé le corps sur le lit, ils vérifièrent la contractilité de sa pupille avec une petite lampe. Zut : j'avais oublié qu'il fallait constater la disparition du réflexe pupillaire pour pouvoir affirmer la mort. Si d'aventure il avait été vivant, j'aurais eu bonne mine...

En vertu de l'article 9

« Vous avez remarqué sa plaie au front ? » hasardai-je timidement.

Le médecin pompier haussa les épaules, nous demandant d'appeler un praticien de garde pour qu'il signe le certificat de décès. Je n'avais pas de doute particulier, mais j'estimais néanmoins qu'on aurait pu chercher à savoir si la plaie que j'avais signalée était due ou non à sa chute. Je compris alors qu'un grand nombre de morts « provoquées » doivent passer à l'as. Pourquoi voudriez-vous qu'un généraliste, qui n'a pas la moindre notion de médecine légale, ait des soupçons quand un pépé cardiaque paie son tribut à la nature ? Pourquoi s'inquiéterait-il qu'un malade en fin de vie décède le lundi au lieu du jeudi ?

Les officiels étant arrivés, j'étais débarrassé de l'article 9. Mais avant de pouvoir prendre mon café, subsistait la menace de l'article 49 : « Le médecin appelé à donner ses soins dans une famille ou dans une collectivité doit tout mettre en œuvre pour obtenir le respect des règles d'hygiène et de prophylaxie. »

La veuve faisant parfois des ménages, elle n'avait pas besoin de mon aide pour passer la loge à l'eau de Javel. C'était déjà ça de gagné. Soucieux cependant d'éviter le moindre reproche ordinal, je demandai au chef sapeur :

« Vous emportez le corps ?

– On n'est pas là pour ça, répondit le troisième crâne ras en partant de la gauche.

– Je ne vais pas le garder dans mon lit, gémit madame Gerber, la gardienne. Vivant, j'avais déjà du mal à le supporter, alors là...

– Appelez les pompes funèbres, ils vont s'en occuper. Mais je crois qu'ils sont en grève. »

Ils répondirent pourtant dès la seconde sonnerie : « Impossible de ramasser et de conserver la dépouille : suite à un mouvement social, le funérarium est momentanément indisponible », récitèrent-ils au fils du gardien qui venait d'arriver. Lequel protesta : « C'est inadmissible. Je suis chef de quai marchandises à la gare des Batignolles, je vais appeler le ministre des Transports. »

Les locataires s'étaient agglutinés à la porte de la loge. Mouchoir sur le nez, ils s'inquiétaient d'une contamination aux streptocoques. Le créateur-styliste du deuxième glissa à la chanteuse du troisième :

« Pas étonnant, il était à la ramasse… Il avait le double de ma clé, et il est venu me vider trois bouteilles de vodka au gingembre.

– Tu m'étonnes ! Chez moi, tout le Martini blanc y est passé. »

Les conversations sur l'éthylisme du gardien allaient bon train : il avait le nez rouge, le teint grêlé, des poches sous les yeux… On me lançait des coups d'œil réprobateurs, m'accusant presque de ne pas les avoir avertis du drame.

« Au moins, il se conservera mieux », lançai-je à la cantonade. Un silence de glace fit place au brouhaha.

Pendant ce temps, s'éternisait la négociation téléphonique entre les pompes funèbres et le chef de quai, qui finit par déclarer : « Je vous passe le docteur de Funès ! Insistez sur les microbes.. » me chuchota-t-il en me tendant le combiné.

« Vous êtes de la famille de l'acteur ? me demanda une voix enjouée.

– Oui, je suis son fils. Alors, qu'allons-nous faire, cher monsieur ?

– Ah, quelle histoire ! C'est vraiment un gag pour un film de votre père. D'ailleurs, mes enfants l'adorent !

– Eh bien, je leur enverrai une photo dédicacée du gendarme, si vous voulez.

– Avec plaisir ! Je donnerai mon adresse au fils du défunt. »

Le code de déontologie médicale n'en demandait pas tant : je frisais la sainteté. Je poussai mon avantage, en lui murmurant.

« La météo annonce trente degrés pour cet après-midi... et, tout à fait entre nous, j'habite au-dessus de la loge. Si rien n'est fait ce soir, le corps va se changer en ballon dirigeable et finir collé au plafond.

– Rassurez-vous : je peux bien faire ça pour Louis de Funès. J'envoie une équipe non syndiquée, nous allons l'emballer dans une housse hermétique, après l'avoir enveloppé de neige carbonique. Un peu comme un poisson à la croûte de sel, si vous voyez ce que je veux dire ! Ça tiendra trois jours, nous en ajouterons si nécessaire. »

Ce qui fut dit fut fait. La veuve s'improvisa un lit de camp dans la loge. Mes allées et venues ne pouvant lui échapper, j'eus droit pendant trois jours à des détails dont je me serais bien passé.

« Monsieur de Funès, ça gonfle, ça gonfle ! Il y a des bruits, des craquements. »

Je rappelai les pompes funèbres :

« C'est normal, ne vous inquiétez pas. Mais par précaution, on va ajouter une couche de glace sans ouvrir la housse. »

Le jour du départ du cadavre, je m'arrangeai pour m'esquiver aux aurores et ne rentrer qu'à la nuit tombée. À mon retour, je tentai de me faire discret… en vain. La porte de l'ascenseur ne s'était pas refermée que j'entendis une petite voix triste :

« Bonsoir, monsieur de Funès…

– Bonsoir, madame Gerber. Ça s'est bien passé ?

– C'était dur, vous savez, soupira-t-elle. Quand ils l'ont soulevé, ça faisait glou-glou… »

L'ORDRE ET LES ERREURS MÉDICALES

> *Une opération terrible est faite dans un hôpital par un chirurgien à la main admirable, Maisonneuve, mais une opération tout à fait de luxe et pour la grande gloire de l'opérateur. L'opération faite, l'interne de service salue, comme un militaire, de la main son chef et, jetant un coup d'œil sur ce qui reste et sur ce qui a été retranché au patient, dit :*
> *« Quel est le morceau qu'il faut reporter au lit ? »*
>
> Edmond et Jules de Goncourt, *Journal*

L'ordre garde à sa disposition tout un arsenal d'articles pour tenir ses ouailles en laisse et s'en débarrasser à tout moment. Il ne juge pas utile de s'intéresser aux erreurs médicales. Braves gens, qui vous retrouvez amputés du mauvais bras, inutile de glisser la moindre plainte dans la *bocca di leone*, aucune suite n'y serait donnée. Les membres de cette vénérable institution, qui, en général, ne brillent pas par leur savoir, seraient bien en peine d'apprécier une erreur technique qu'ils commettent eux-mêmes tous les jours. Le tout, à leurs yeux, est d'y mettre les formes. Dans *La Grande Vadrouille*, Colette Brosset se disait « très à cheval sur la literie » ; l'ordre, lui, est très à cheval sur la manière. Ainsi, un chirurgien qui découpe le mauvais sein ne sera pas inquiété, s'il sait se montrer suffisamment navré de sa méprise.

Jean-Christophe D. est l'un de mes rares amis radiologues. Aimable et consciencieux, il déplaît pourtant à la gynécologue bien-pensante installée en face de son cabinet. Elle dépense une énergie folle à dissuader ses patientes d'aller chez lui.

« C'est une ménopause précoce, madame Boisselier, lança-t-elle tout de go à une dame de quarante-deux ans, qui s'étonnait de l'irrégularité de ses règles. Je vous arrête la pilule. »

Quelque temps après, la dame reprit rendez-vous : « Docteur, je n'ai plus de règles, mon ventre grossit, je ne rentre plus dans mes jupes. »

Face à une chienne, un vétérinaire aurait pensé à une simple gestation. La gynécologue médicale opta pour un fibrome.

« Je vais aller passer une échographie en face, chez le docteur D. », décida la patiente. Le visage de la spécialiste se figea soudain dans une crampe de fureur : « Et puis quoi, encore ? Vous ne voulez quand même pas l'aider à se payer une Rolls ! Restez à l'écoute de votre corps, cela suffit amplement. Je vous mets au soja. »

L'ordre et les erreurs médicales

La nuit venue, madame Boisselier, visage caché sous un fichu, s'introduisit chez Jean-Christophe D., futur propriétaire de la Rolls Royce. À l'écran, apparut distinctement un fœtus ayant largement dépassé les dix semaines – date limite pour une interruption volontaire de grossesse.

Son mari l'emmena illico en Angleterre, la loi étant plus permissive de l'autre côté de la Manche. Au retour, les Boisselier vinrent demander des comptes à la gynécologue péremptoire, qui se rebiffa : « Vous vous êtes livrés à un acte illégal en France ! Aucune raison médicale n'interdisait la poursuite de cette grossesse. Je pourrais vous dénoncer. »

La raison de son courroux avait peut-être quelque chose à voir avec son passé de cheftaine catholique Le conseil départemental de l'ordre le comprit bien. Après délibération, les sages se déclarèrent incompétents pour juger de la plainte. Ils reprochèrent néanmoins à la spécialiste de ne pas avoir montré assez de compassion. On lui infligea un blâme – autant dire rien du tout. Peut-être même eut-elle droit aux félicitations des adversaires de l'avortement.

L'ORDRE ET LA FORMATION DES MÉDECINS

« Tout médecin est, en principe, habilité à pratiquer tous les actes de diagnostic, de prévention et de traitement. Mais il ne doit pas, sauf circonstances exceptionnelles, entreprendre ou poursuivre des soins, ni formuler des prescriptions dans des domaines qui dépassent ses connaissances, son expérience et les moyens dont il dispose. »

L'article 70 du code de déontologie a le mérite d'être clair. Un docteur en médecine peut faire ce que bon lui semble à un malade, pourvu qu'il s'en croie capable. L'une des cliniques où j'ai travaillé hébergeait un généraliste de quatre-vingt-quatre ans, qui opérait lui-même ses patients de l'appendicite. Il forçait mon admiration, à moi qui, en pleine jeunesse, n'avais jamais réussi à nouer un fil de catgut. Malgré une légère tremblote et une vue approximative, il s'appliquait, le nez sur son ouvrage, comme une vieille dentellière. Mais un jour, une chute malencontreuse sur un malade, associée à une élongation de sa hanche, précipita la fin de sa carrière.

Cet article a également contribué à l'essor de la chirurgie esthétique. Une simple thèse, un casier judiciaire correct, quelques essais sur une tête de veau, une tournée des night-clubs à la mode : liftings, nous voilà !

Quant aux radiologues... grâce à l'informatique, le moins doué, le plus bête se sent pousser des ailes. Il suffit d'effleurer une touche pour voir défiler des coupes d'humain. Ça s'affiche et ça se classe aussi facilement que sur un lecteur MP3. Pendant que toutes ces données se mettent en place, le spécialiste peut même s'offrir un petit somme, personne ne s'en apercevra. Il n'a même pas à toucher les malades : un technicien les place dans le tube, leur faisant une intraveineuse si nécessaire. Tous n'ont pas la verve d'un des rares radiologues médiatiques que j'ai côtoyés : « Regardez, c'est votre intestin. Attendez, je le colore virtuellement en bleu... ça ne vous plaît pas ? Alors, en orange : c'est pas extraordinaire ? Je les déroule, je les enroule, tout cela d'un simple clic de souris ! Là, je le fais tourner comme une toupie. Maintenant, je zoome : vous imaginez bien que s'il y avait le moindre problème, je le verrais. Regardez, ça ne vous dit rien ? Eh non, ce n'est pas votre cœur.. c'est un ballon de foot que j'ai passé à l'IRM. Oui, c'est vrai, je suis un peu artiste : je fais des sacs à main, des strings, des statues... D'ailleurs, j'ai été contacté par la Biennale de Venise. »

Les pilotes d'avion, à l'inverse des radiologues, ne sont pas trop de deux pour vérifier scrupuleusement les

L'ordre et la formation des médecins

données qui défilent sur leurs écrans. Bien que les appareils d'aujourd'hui, intégralement informatisés, soient capables d'atterrir et de décoller tout seuls, il faut constamment scruter et apprécier ces images graphiques, afin de débusquer une possible erreur de calcul. Le radiologue distrait ou incompétent ne tue que son passager ; le commandant distrait ou incompétent se tue avec. Les pilotes les plus chevronnés subissent des tests d'évaluation trois fois par an. Leurs instructeurs sont des collègues, eux-mêmes contrôlés.

La corporation médicale prétend que le modèle aéronautique est inapplicable chez elle, tout simplement parce que ceux qui se considèrent comme l'élite – les professeurs – n'accepteraient sous aucun prétexte les conseils d'un médecin du privé. Aussi, et surtout, parce que les commissions diverses, les syndicats et le conseil de l'ordre sont majoritairement aux mains de courtisans davantage préoccupés par les dîners en ville que par leurs malades.

La tendance serait plutôt d'entraver le bon praticien, susceptible de leur faire une concurrence déloyale – et ce, particulièrement chez les radiologues. Pourtant, voilà déjà longtemps que les médecins biologistes sont évalués, et avec succès. Ils sont chargés d'analyses-tests et sont notés en fonction de leurs résultats.

La formation continue des médecins revient sur le tapis depuis des lustres, mais rien de bien convaincant. L'une des dernières trouvailles en date serait copiée sur le système du permis de conduire. D'éminents praticiens distribueraient des bons points, gagnés par des activités ludiques aux vertus pédagogiques : « Je me suis abonné à six revues médicales. – Deux points. – Je suis parti pour l'île Maurice assister à un congrès. – Vingt points. – J'étais au dernier colloque de Marrakech. – Quel en était le thème ? – La prostate au temps de Ramsès II. – Intéressant, vous étiez dans quel hôtel ? – La Mamounia. – Splendide, quel beau jardin ! Je vous accorde trente points sans hésiter. Ah, si tous nos confrères avaient votre conscience professionnelle, la médecine française serait à son apogée... Pratiquez-vous d'autres activités ? – Chaque vendredi, je participe à un dîner à thème organisé au restaurant par un laboratoire. – Dans quel établissement ? – Chez Septime. – Oh, bon choix, leur chef est un vrai magicien, il transfigure les produits ! Ne lésinons pas : quinze points. Ne manquez pas les congrès de New York : un soir, allez chez Willy's de ma part. Quand vous aurez goûté leurs œufs au plat aux gélifiants et aux enzymes gloutons, je vous offrirai quarante points de plus. »

J'ai toujours fui les congrès : ce ne sont que des expéditions touristiques déductibles des impôts. Aller contempler une toile impressionniste entouré de radiologues, très peu pour moi :

« Quand Sisley a-t-il peint ce tableau ?

– En 1870.

– C'est fou ce que Bougival a changé depuis.

– Le prix de l'immobilier a flambé, notre maison vaut une fortune maintenant.

– Oui, mais pas ici, regarde là, juste au bord de la flotte, à côté de l'écluse. On vient d'y construire un immeuble de prestige. On pourrait y ouvrir un cabinet, ce serait pas mal... Tu ne trouves pas que ça ressemble à ce que peint ta sœur ?

– Si, mais Odile, c'est mieux : elle a le sens des couleurs. C'est plus vif, elle un sacré talent. »

Une croisière sur le Nil donne des envies de naufrage

« Le mien a neuf millions de pixels, et le vôtre ?

– Onze ! Et regardez : il est plus petit.

– Ça alors !

– En plus, les prix n'arrêtent pas de baisser. Vous savez qu'ils visent vingt millions de pixels, c'est pour bientôt.

– Vous avez quelle carte mémoire ?

– Une Speed Super 3 de quatre gigas.

– Votre écran de contrôle est à réfraction bifocale ?

– Oui, voyez le rendu des contrastes.

– C'est vrai. On distingue bien la texture, ce sont les rideaux de votre chambre ?

– Non, j'ai zoomé sur la robe de ma femme. »

Le rinçage de gosier est à la base de la communication entre laboratoires. Côte de bœuf frites pour le généraliste, carré d'agneau aux légumes d'antan pour le spécialiste. Vers la fin des années 1980, en vue de prouver sa volonté de moralisation, le conseil de l'ordre exigea que lui soit communiquée la liste des médecins participant à ce type de gueuletons, le thème du débat – et probablement le menu, de façon que ses membres bénéficient de produits et de vins d'une qualité et d'un prix supérieurs.

La seule et unique séance de recyclage gastronomique à laquelle j'aie assisté fut une soirée ménopause. J'y avais été convié par une gynécologue frisée comme un astrakan.

« Je n'ai rien à y faire, objectai-je. Je n'ai pas envie de me farcir un exposé sur les mystères hormonaux.

– T'inquiète pas, c'est expédié pendant l'apéritif. Mais ensuite, tu vas voir : la bouffe est super. Carole, Martine… toutes les copines seront là. »

Il me fallait bien composer, si je voulais que les « copines » m'envoient des mammographies. À l'heure dite, je pénétrai donc dans une grande chaumière nichée au fond d'un bois. La plupart des tables étaient occupées par des messieurs en complets croisés aux côtés de dames plus jeunes. Mes compagnes, nettement moins fraîches, étaient consignées dans un salon particulier. Elles n'attendaient plus que moi, une flûte de kir pêche à la main. Une fois tout le monde servi, la visiteuse médicale, qui régalait, nous fit asseoir autour d'une table, pour que l'enseignement commence :

« Connaissez-vous l'Isoméride, notre tout nouveau produit ? demanda-t-elle à l'assistance.

– Bien sûr ! s'esclaffèrent les copines.

– L'Isoméride, reprit notre hôtesse, est un grand progrès pour les femmes, dans une période douloureuse de leur vie, la ménopause.

– Formidable ! » reprirent-elles en chœur.

Miss Laboratoire déplia un truc en carton qu'elle posa au milieu de la table.

L'ordre et la formation des médecins

« Un Trivial, un Trivial ! hurla ma voisine. Fufu, tu vas faire équipe avec moi. Vas-y, lance le dé ! »

Je m'exécutai en renversant son verre.

« Quel roi enfermait ses ennemis dans des cages ?
– Saint Louis », répondit une invitée.

Avec son col claudine et son nœud dans les cheveux, on la voyait davantage poser des ceintures de chasteté que des stérilets.

« Raté. Louis XI. »

Le dé roula de nouveau.

« Une femme de cinquante ans se met à grossir : que lui prescrivez-vous ?
– Isoméride, lança ma voisine de droite.
– Bien ! Une dame est constipée, que lui faut-il ?
– Isoméride », répéta-t-elle.

Ma voisine était imbattable. C'était à se demander si son serre-tête en velours ne cachait pas une oreillette.

« Quelle actrice joue dans *En cas de malheur* ? »

On distinguait presque le bruissement de ses synapses.

« Michèle Morgan.
– Non.
– Dalida.
– C'est Brigitte Bardot, rectifia l'hôtesse en lisant la réponse au dos de la carte. »

Les dés s'emballaient, ces dames s'amusaient comme des petites folles.

« Une femme de soixante ans a mal à la tête...
– Isoméride.
– Gagné. De qui est l'*Adagio* d'Albinoni ?

– Vivaldi.
– Perdu. Une ménagère est ballonnée, que doit-elle. .
– Isoméride ! »

Leurs piaillements, mêlés à de lourds effluves de parfum, commençaient à me donner le tournis ; leurs bijoux de pacotille, s'agitant comme des crécelles, me vrillaient les tympans. Je perdis alors ce que certains appellent le sens commun.

« Si une mayonnaise tourne, que lui ajoute-t-on pour la rattraper ?
– Isoméride ! » hurlai-je.

Toutes les têtes brushées se figèrent. Il ne leur manquait que des antennes pour se communiquer silencieusement leur indignation.

« On ne plaisante pas avec la santé. »

Je n'avais plus qu'à prendre congé. Je partis dîner seul au Bar des Théâtres et perdis le quart de ma clientèle. Mais quelques mois plus tard, je pus tirer une certaine fierté de cette mésaventure : l'Isoméride faisait la une de tous les journaux pour avoir tué des centaines de personnes

Un pilote a bien moins de liberté d'appréciation qu'un chirurgien. Tous les cas de figure sont prévus dans les procédures de vol imposées par la compagnie. Avant le décollage et l'atterrissage, le commandant de bord et le copilote vérifient scrupuleusement de longues listes, en s'interrogeant l'un l'autre. Ils ont beau repasser régulièrement des tests, des accidents peuvent survenir. Ils sont presque toujours dus à une erreur humaine.

L'ordre et la formation des médecins

Un commandant de bord qui pose son avion sur un mauvais aéroport étonne autant qu'un chirurgien qui se trompe de jambe. C'est d'autant plus surprenant qu'il est assisté par un autre pilote, tout aussi qualifié que lui. J'ai interrogé mon frère à ce sujet :

« Olivier, toi qui es instructeur, comment expliques-tu qu'un des pilotes ne corrige pas l'erreur de l'autre ?

– Je vais te raconter une anecdote édifiante. J'ai récemment contrôlé un équipage sur un vol Paris-New York. Les passagers étaient en train d'embarquer, et je prenais un café, laissant l'équipage préparer tranquillement son plan de vol dans le cockpit. Soudain, j'ai entendu des éclats de voix. Le pilote et le commandant étaient en train de s'enguirlander : "C'est moi le patron : tu feras comme je dis, si ça te plaît pas, c'est pareil, etc." Quand je suis entré, ils étaient verts de rage, prêts à en venir aux mains. Médusé, le mécanicien assistait à l'algarade. Prenant mon air des mauvais jours, je les ai priés de se taire immédiatement et de se serrer la main, sous peine d'exiger qu'on les remplace par l'équipage de réserve. Ils se sont exécutés et ont continué leur check-list dans le plus grand calme. Tout paraissait rentré dans l'ordre, mais peu après le décollage, j'ai remarqué que le commandant, probablement encore énervé, commettait une erreur de cap. Celle-ci n'avait pas pu échapper à son collègue, lequel s'est bien gardé de la signaler, ravi sans doute de le laisser s'enfoncer. Je n'ai même pas eu à intervenir : les contrôleurs aériens leur ont dit tout de suite de rectifier leur trajectoire. Pour finir, ils ont tous les deux reçu un avis défavorable. »

Les pires catastrophes chirurgicales s'expliquent de la même façon. Pourquoi personne n'a averti le patron qu'il se fourvoyait ? Comment a-t-il pu ôter le sein indemne ou la jambe intacte ? Ce type d'accidents stupéfie la France entière. La réponse coule de source : sciemment ou non, aucun de ses assistants ne lui a fait remarquer son erreur. Tout simplement parce que, terrorisés par sa grossièreté et ses cris permanents, ils ont depuis longtemps pris l'habitude de se taire. Car le chirurgien n'est pas, comme le pilote de ligne, assisté d'une ou deux personnes, mais d'une bonne dizaine. Elles ont tour à tour installé, rasé et désinfecté le malade. Tout au long de l'intervention, des panseuses ont passé les instruments, puis les ont récupérés, en prenant bien garde qu'aucun ne soit oublié dans le champ opératoire. Quel plaisir de voir se planter superbement le génie du bistouri – celui qui les salue à peine et qui, sans retenue, travaille en débitant des chapelets d'obscénités.

En dictant un compte rendu mammographique, il m'est parfois arrivé de prendre la gauche pour la droite. À la relecture, je corrigeais : comme j'avais pris soin d'examiner la patiente avant l'examen, ma mémoire visuelle finissait par m'alerter de la méprise. Et si d'aventure je persistais dans mon erreur, la secrétaire s'en apercevait très vite. La médecine est un travail d'équipe.

Premiers actes

Après avoir enfin obtenu carte professionnelle et caducée, je pus commencer à exercer à Changeuil. Mon premier examen fut un lavement baryté. À plat ventre depuis un moment, ma patiente n'attendait plus que moi. Quand j'entrai dans la salle d'examen, sa posture m'obligea à saluer une imposante paire de fesses, où était fichée une canule reliée à un bock par un tube de caoutchouc. Le récipient renfermait une substance crémeuse, dont la couleur blanchâtre rappelait un peu la *panna cotta*.

La chevelure rousse de la dame s'agita soudain. Au risque de se luxer une vertèbre cervicale, elle entreprit une laborieuse rotation. Après quelques contorsions mettant en péril l'équilibre du bock, j'eus droit à cette souriante réflexion : « Voyons voir s'il ressemble à son papa... »

Mais je n'eus pas toujours autant de succès. Plus tard, une autre patiente, elle aussi déjà connectée au bock, s'enquit du nom du radiologue qui allait œuvrer :

« C'est le docteur de Funès, renseigna la manipulatrice.

– Merde ! Il est aussi con que son père, celui-là ! » s'exclama l'intéressée.

À l'époque, on pratiquait encore beaucoup l'hystérographie – radiographie de l'utérus qui, depuis, a fait place à l'échographie. Le principe, semblable à celui du lavement baryté, consistait à injecter dans l'organe creux un produit qui arrête les rayons X. Ainsi, la cavité utérine apparaissait en négatif sur la pellicule. On allongeait la patiente sur une table télécommandée. Afin de lui épargner la torture de la pince de Pozzi, on employait une ventouse de verre, qui aspirait par le vide le col de l'utérus ; il suffisait ensuite d'y pousser le produit à l'aide d'une seringue. L'examen n'était douloureux que si l'opérateur manœuvrait sans délicatesse. Celui-ci pouvait à son tour se retrouver au supplice, si les pieds qui lui frôlaient les narines avaient trop longtemps macéré dans leurs collants.

Les manipulatrices radio, averties de ma répugnance aux relents corporels, prenaient la peine d'emmailloter les patientes dans du papier de ménage, leur précisant que c'était « au nom de l'asepsie », pour ne pas les vexer. Ces examens avaient quelque chose d'acrobatique. La patiente devait se pencher tantôt à gauche, tantôt à droite, suivant mes instructions. Mais basculer sur le côté n'était pas une mince affaire, ma main ne pouvant lâcher la seringue reliée à son intimité. Elle devait à chaque fois hisser une gambette au-dessus de mon bras – le papier de ménage ne facilitant guère la manœuvre.

Un jour, l'un de mes circuits cérébraux s'était-il encore enrayé ? Au lieu de l'habituel « Passez votre jambe par-dessus mon bras », je lâchai : « Passez votre jambe par-dessus la mienne. »
La séance se termina dans un fou rire général. Les gens de cette banlieue modeste étaient très sympathiques. Mes associés l'étaient beaucoup moins. Le benjamin avait déjà une bonne cinquantaine d'années. On m'avait initié aux nouvelles techniques de l'époque – mammographie, lymphographie, échographie –, mais j'étais désorienté par les petits bobos rencontrés tous les jours en pratique de ville. Je proposai donc à mes collaborateurs de travailler quelques jours en binôme avec moi, comme chez les pilotes d'aviation. Peine perdue : ils se moquaient de mes hésitations, s'esclaffaient d'un air entendu, et péroraient sur les vertus irremplaçables de l'expérience. Ils étaient sous l'emprise du syndrome du vieux con.

Les techniciens en radiologie – ceux qui installent les malades et prennent les clichés – sont en général plus aptes à les interpréter que leurs employeurs, lesquels sont trop absorbés par leurs revues de yachting ou leurs comptes. Je préférai laisser les ancêtres à leur autosatisfaction, et fis appel aux lumières du petit personnel. Je complétai mes cours par plusieurs visites au service d'Albert Djian, ponte de la radiologie osseuse et néanmoins charmant. Je devins imbattable. Les vieux croûtons trouvèrent d'autres sujets de critique : jugeant mes comptes rendus trop succincts, ils me déclamaient les leurs, lunettes sur le bout du nez, comme de vieux cabots de la Comédie-Française. Dans leurs textes, les colonnes vertébrales pliaient, serpentaient, se tortillaient ; les hanches se condensaient, s'aplatissaient, se fissuraient ; les hiles pulmonaires se dilataient.

« Il faut rassurer le patient, martelaient-ils. Mais il faut aussi savoir leur trouver un truc qui cloche, qu'ils n'aient pas l'impression d'être venus pour rien : un déboîtement, une décalcification, de l'arthrose... pourquoi pas des nerfs qui se croisent. »

Les grandes œuvres résistent à l'épreuve du temps : leur charabia fait encore les beaux jours de la radiologie française. Sachant s'adapter à l'esprit consensuel, il s'est pasteurisé. À l'ère du scanner, de l'IRM et de l'échographie, le chanteur Gaston Ouvrard reste, plus que jamais, la muse des radiologues de ville : « J'ai la rate qui s'dilate, j'ai le foie qu'est pas droit, j'ai le ventre qui se rentre, j'ai l'pylore qui s'colore, [...] j'ai l'thorax qui s'désaxe, [...] j'ai l'sternum qui s'dégomme et l'sacrum, c'est tout comme... »

Il est vrai que la clientèle de ville a des idées bien arrêtées sur sa propre anatomie : une vésicule biliaire ne peut être que paresseuse ; le sang se comporte comme une béchamel : il se liquéfie, s'épaissit, grumelle... la constipation est un fléau. Une fois débarrassés des végétations, des amygdales, de l'appendice, les enfants sont mis à l'équerre par les orthoptistes, -dontistes, -phonistes, les kinési- et autres psychothérapeutes.

Mon premier acte d'insoumission fut de critiquer la manie du tutoiement des immigrés. Car dans ce cabinet, on en était resté à l'époque coloniale : « Je vais faire l'estomac d'un Arabe », « C'est drôle, les ultrasons franchissent mal la peau des Nègres »...

Je réussis à convaincre le plus jeune de la bande de visiter un cabinet de radiologie nantais qui, pour l'époque, possédait un matériel de mammographie remarquable. Mes parents nous offrirent leur hospitalité à Clermont-sur-Loire. Au moment de franchir les grilles du château, mon équipier, manifestement insensible à la majesté du lieu, continuait sa litanie sur les charges salariales, inversement proportionnelles à ses revenus. Mon père n'était pas encore apparu sur le perron que j'aperçus mon collègue écartant les pans de son manteau le long de la façade, avant d'arroser quelques briques Louis XIII d'un bruyant jet d'urine. Au son du cliquetis de la serrure, j'avalai les marches avec l'énergie du désespoir. La lourde porte n'était encore qu'entrebâillée que je me postai devant mon père, afin qu'il échappe au spectacle. Je ne suis toutefois pas certain que le reboutonnage de mon invité lui ait complètement échappé.

Manifestement, les vieux croûtons du cabinet n'étaient guère à ce qu'ils faisaient. L'un se pointait le matin avec, sur le crâne, la moumoute blonde dont il se coiffait pour ses virées nocturnes ; l'autre montrait au personnel les dernières photos de sa femme nue sur un voilier. Un jour, le patriarche me proposa un déjeuner-réunion dans son bar-tabac favori. Autour d'un mauvais croque-monsieur, il m'apprit que l'heure était grave : Nadège, la comptable, favorite déchue du jeunot de la bande, soupçonnait les assistantes de voler dans la caisse. « Il nous faut une personne au-dessus de tout soupçon pour les surveiller », assurait-il. Il avait un nom sur le bout de la langue – celui de la veuve d'un généraliste qui venait de succomber à une longue et douloureuse maladie : madame Jambier.

Madame Jambier était la copie conforme de Françoise Rosay dans *L'Auberge rouge*. Elle poudrait de blanc un visage sans expression. Pas un faux pli à sa jupe noire, jamais une tache ; elle respirait la maniaquerie. À l'heure du déjeuner, elle avait l'habitude d'apporter son pique-nique dans la salle réservée au personnel. À peine accroupie, une assiette en carton sur les genoux, elle se lançait dans le récit circonstancié de son chemin de croix – au grand désespoir de ses collègues, qui voyaient ainsi disparaître leur seul moment de détente. C'était un feuilleton : chaque jour, ils avaient droit à un nouvel épisode, dans un décor toujours luxueux, soulignant le monde qui séparait la narratrice de son auditoire.

Le premier acte se déroulait dans une suite du Danieli, le fameux palace vénitien. Les Jambier s'étaient offert cette escapade pour fêter vingt ans de mariage, « vingt ans de bonheur ». Le jour de leur arrivée, après la traditionnelle photographie sur la place Saint-Marc et trois spaghettis achetés à prix d'or au Harry's Bar, madame Jambier suggéra une sieste réparatrice. C'est alors qu'elle découvrit avec stupeur que le testicule gauche de son cher époux avait atteint un volume inhabituel. Le lendemain, c'était pire. Ils rentrèrent en France par le train de nuit.

Le deuxième acte fut consacre à l'ablation et aux multiples séances de cobalt qui suivirent. La convalescence de monsieur Jambier dans leur appartement de Cannes permit à l'assistance de reprendre son souffle. Une terrasse donnant sur la Croisette, la splendeur des lauriers-roses du parc... Un vrai bonheur. Éphémère : son mari se mit soudain à tousser. Le mal ayant atteint ses poumons, il dut entamer une chimiothérapie

C'est alors que le récit de madame Jambier devint chaotique : le scénario souffrait de faiblesses. Entre vomis sements et diarrhées, l'auditoire ne s'y retrouvait plus. Mais madame insistait surtout son propre dévouement. Au fil de la narration, elle se métamorphosait peu à peu en petite sœur des pauvres, épongeant la pestilence, tamponnant inlassablement les tempes du malheureux à l'eau de mélisse... Ceux qui loupaient un passage avaient droit à une séance de rattrapage à l'heure du thé.

Dans la journée, je surprenais chez mes collaboratrices des échanges dont le sens m'échappait :

« Tu as vérifié celles de ton mari ?

– Oui, elles sont parfaites. Et toi ?

– Je n'ai pas pu les toucher, il travaille de nuit. »

Madame Jambier aborda enfin l'agonie de monsieur. Plagiant Roger Martin du Gard racontant la fin du père Thibault, elle décrivait les poings de son cher mari, « recroquevillés comme des moignons sous un visage injecté de sang : les muscles, raidis, semblaient prêts à se déchirer sous l'effort... »

Entre deux spasmes, monsieur Jambier avait trouvé la force de lui susurrer : « Ma petite chérie, je veux que tu ne manques de rien. Prends tout pour toi, les enfants se débrouilleront... »

Le délégué du personnel me toucha un mot de la situation : « Mes collègues se plaignent, le récit de la mort de Jambier leur tape sur le système... Ça fait deux jours que ça dure, avec tous les détails sordides à la clé. C'est interminable ! »

En attendant, la veuve était fière de ses résultats comptables : « Vous avez vu, monsieur de Funès ? L'argent rentre maintenant : je fais payer tous les patients d'avance. »

De mon côté, je payais de plus en plus d'impôts.

Mon père mourut le 27 janvier 1983. Le 30, je reçus un appel téléphonique d'un inspecteur de police : « Docteur, madame Jambier et sa fille ont été arrêtées à la caisse de Sécurité sociale. Nous avons besoin d'informations de votre part. »

Elle avait volé un bon paquet de feuilles de soins – principalement les miennes – et se les était partagées avec ses enfants. Après les avoir remplies d'actes fictifs, ils imitaient ma signature et se faisaient rembourser en espèces sonnantes et trébuchantes. Mais leurs dépenses astronomiques pour les fêtes de fin d'année les avaient perdus. Le jour de leur arrestation, en flagrant délit, mère et fille venaient d'empocher 6 000 francs de l'époque. Pour l'administration fiscale, c'est moi qui étais censé avoir encaissé ces sommes en honoraires. Je compris la raison de la flambée de mes impôts.

Premiers actes

J'eus la visite d'un autre inspecteur, chargé, lui, des litiges de la Sécurité sociale. « Vous avez un joli appartement, et de bien beaux tableaux... » me dit-il en arrivant. Il me soupçonnait de complicité, et m'avoua par la suite avoir passé au crible mes propres demandes de remboursement, s'étonnant de voir qu'il n'y en avait aucune : j'ai toujours payé mes médicaments de ma poche.

On apprit en prime que madame Jambier avait un amant. Veuf, lui aussi.

Je finissais par me demander si on n'avait pas irradié par mégarde le cerveau des radiologues de ma génération. Dans un univers d'inculture et de lieux communs, le vélo, le golf, les vins de terroir et les plages bretonnes étaient à peu près leur seul horizon. Le docteur Michel Katz était bien différent : il avait été mon chef de clinique à l'hôpital Saint-Louis et venait d'être nommé chef du service de radiologie de Lariboisière. Je m'en vins le féliciter. Son visage, d'ordinaire souriant, manifestait tous les signes de l'accablement. Il ne pouvait achever une phrase sans être interrompu par le téléphone : l'économat s'étonnant de la consommation industrielle de compresses stériles, la surveillante se plaignant de la piètre qualité des balais-brosses... « Tu vois à quoi j'en suis réduit... » soupirait-il.

Huit jours plus tard, il s'effondrait, mort, dans un tas de paperasses empilées sur son bureau. La radiologie avait eu raison d'un homme de trente-huit ans.

Deuxièmes actes

Comme les vieux éléphants qui se dirigent à pas comptés vers d'immenses mouroirs connus d'eux seuls, mes associés, l'un après l'autre, se retirèrent à Cannes. Des êtres inodores et sans saveur leur succédèrent. Ma tête ne leur revenait guère ; ils se seraient sentis capables du pire pour se débarrasser de moi. Je fis de mon mieux pour alimenter leurs envies de meurtre, et ils me rachetèrent mes parts à prix d'or.

Galvanisé par l'énergie positive du yang, je pus ainsi m'offrir un tableau dont je rêvais, dans une galerie de l'avenue Matignon. Mais sous l'influence du yin, je commis un acte malheureux que je n'aurais de cesse de regretter. Au lieu de dire adieu à la médecine, j'ouvris un nouveau cabinet, uniquement consacré à la mammographie, dans une sous-préfecture proche de Paris. Saint-Follin. Chez les riches, cette fois.

Ma plaque à peine posée, je rendis visite à des confrères, comme il est recommandé par le code de déontologie.

Surtout à des gynécologues, susceptibles de m'adresser leurs patientes. La première m'accorda une audience à treize heures cinquante-cinq, résidence Mozart, immeuble 14, escalier B. L'expérience m'ayant appris que le compositeur viennois prête souvent son nom à des cubes de béton cernés d'un dédale d'allées goudronnées, j'avais pris un peu d'avance. C'est un enfant blafard qui m'ouvrit la porte.

« Quentin, mon chéri, amène le monsieur dans mon bureau », cria une voix aiguë.

Je pénétrai dans une pièce enfumée, où une longue chose tout en os me serra la main.

« C'est mercredi, Quentin se prépare à partir chez les scouts. Je vous demande une petite minute, ajouta-t-elle en farfouillant dans ses outils de stérilisation.

– Vous préparez vos instruments pour la consultation ?

– Non, je fais une tarte pour mes enfants : c'est la saison des quetsches. J'en profite, entre deux fournées de spéculums. Ce n'est pas évident de concilier sa vie professionnelle et une famille nombreuse, vous savez.

– Vous travaillez votre pâte ici ?

– Oui, bien sûr, entre deux consultations. Je fais même des crumbles.

– Vous êtes habile... Moi, j'aurais mis de la farine partout.

– Je travaille la pâte dans un verre, avec un peu d'eau, c'est plus propre. Voilà, parfait ! Regardez comme elle est dorée, c'est épatant, ces appareils. »

La sonnette retentit soudain.

« Oui, Quentin, mon amour, qu'est-ce qu'il y a ? Ah ! Le premier rendez-vous est arrivé... Vraiment ravie de vous avoir rencontré, et pensez à essayer dans un verre, vous m'en direz des nouvelles ! Quentin, raccompagne monsieur de... Funès... c'est bien ça ? Fais déshabiller la dame, mon canard, et n'oublie pas : elle doit aller faire pipi. Au revoir, me lança-t-elle en enfilant ses moufles de cuisine. »

La deuxième gynécologue médicale que j'allai voir était installée au fin fond d'une résidence Claude-Monet. D'une filiforme, je passais à une grosse bien carrée. Les fibres synthétiques de son sari orange ne demandaient qu'à céder. Elle exhalait des relents de noix de coco et de curcuma. Sa moustache me fit entrevoir qu'elle débordait également d'hormones mâles. Elle daigna m'ouvrir elle-même la porte, mais je n'eus pas l'honneur de voir au-delà de la statue du dieu Ganesh hérissée d'encens qui trônait dans l'entrée.

« Je serai franche, me dit-elle. Je ne vous adresserai aucune patiente. J'envoie mes mammographies chez Suzanne Mézeray, vous connaissez ? Elle est rue des Filles-du-Calvaire, à Paris. On va à la muscu ensemble. »

La troisième occupait, sous le clocher de l'église, un local qui avait dû être le presbytère.

« Je ne vous cache pas que je travaille essentiellement avec Suzanne Mézeray. Et j'ai bien l'intention de continuer. »

Celle-là n'avait pourtant pas la carrure d'une culturiste.

« Bon, ajouta-t-elle, magnanime : je vous enverrai de temps en temps une ou deux petites vieilles incapables d'aller jusqu'à Paris. »

Pour installer mon cabinet, je choisis un appartement donnant sur un jardin à la française. Cet avantage tourna vite au cauchemar. Mes bourgeoises, après quelques soupirs et gloussements, voulaient s'enquérir du devenir de statue de la Vierge près de laquelle elles avaient joué jadis à la marelle. Sans le savoir, j'étais sur les vestiges d'un couvent pour jeunes filles de bonne famille. Impossible d'échapper aux récits nostalgiques des processions, farandoles et autres cérémonies de jeunesse.

Un autre désagrément – de taille, celui-là – se fit rapidement sentir. Les toilettes n'étaient séparées de mon bureau que par une mince cloison. Je dus subir le constant vacarme de la chasse d'eau, intarissable cataracte : l'abus d'eau bénite entraîne une irritabilité du caractère et de la vessie. Sans un bonjour ni un s'il vous plaît, j'avais droit à un expéditif : « Où sont les toilettes ? » Elles y retournaient bien deux ou trois fois d'affilée. Je m'expliquais enfin leur passion pour le kilt : dans les Highlands, il se porte sans sous-vêtements. Je me transformais peu à peu en dame pipi ; mieux, je devenais la marquise de Marcel Proust. Pendant qu'elles faisaient leur petite affaire, je m'occupais tant bien que mal. Je me mis à établir les moyennes du temps d'occupation de l'endroit, puis du nombre de minutes avant que l'envie revienne.

J'interrogeai des patientes commerçantes :

« Ne me dites pas qu'à votre boucherie, on vous demande les toilettes ?

– Mais si, docteur ! Il n'y a plus la moindre gêne Ils ne prennent même pas le soin de tirer la chasse. »

Je m'aperçus avec effroi que toute la ville était victime de la folie des WC. Comment des gens prétendument si bien élevés pouvaient-ils être d'une telle goujaterie ? Était-ce pour afficher une supériorité, comme certains animaux marquent leur territoire de leurs fèces ? Il me fallut deux bons mois d'enquête pour en découvrir la vraie raison : le prix du mètre cube. L'eau était là-bas un produit de luxe. J'appris même que certaines familles à quartiers de noblesse ne vidaient leur cuvette qu'une fois par jour.

Peu après, je confiai ces mésaventures à Gérard Oury, que je croyais étonner, lui qui était si raffiné

« Mais Patrick, sais-tu ce que vient de me raconter la comtesse de Paris ? Un soir, à l'issue d'un dîner chez des gens de très haut rang, elle s'éclipse discrètement aux commodités. À la vue d'une liasse de papier journal pendue au mur, elle s'attend au pire, quand elle a l'heureuse surprise de découvrir un rouleau de tissu hygiénique, en évidence à côté du lavabo. En s'en approchant, elle aperçoit, juste au-dessus, une inscription calligraphiée à la plume d'oie : "Réservé à la famille royale". »

Dans les années 1880, le Suédois Axel Munthe s'installe dans un quartier huppé de Paris pour y achever ses études de médecine. En 1929, il publie *Le Livre de San Michele*, ouvrage remarquable où il raconte comment son invention du terme « colite » lui permit de gagner la reconnaissance de femmes du monde bien tourmentées. Leurs flatulences et autres ballonnements gazeux étaient enfin reconnus par la faculté.

Inspiré, peut-être, par la « colite » de Munthe, le professeur Charles Gros, l'un des pionniers de la mammographie, qualifia pour sa part de « mastose » les intolérables douleurs mammaires des bourgeoises qui voulaient surpasser en douleur les femmes du monde, leurs cousines éloignées. La mastose sur fond de colite : un supplice allant toujours de pair avec une dépression migraineuse.

Mon obstination à ne pas reconnaître la mastose précipita ma perte. Car, à Saint-Follin, ce fléau sévissait avec violence :

« Allô, Lucille ? C'est Françoise. Je crois que de Funès perd la tête. Tu ne vas pas me croire : il a dit à une de mes clientes qui avait mal aux seins qu'ils étaient normaux et que tout allait bien !

– Il ne lui a même pas trouvé un petit kyste, par courtoisie ?

– Non, elle était furieuse.

– C'est un danger public, il faudrait le faire interdire par le conseil de l'ordre. J'espère que tu n'as pas perdu ta cliente.

– Je l'ai envoyée chez Haudepin, tu sais, le joli garçon qu'on a rencontré au cocktail ménopause. Il lui a tout refait : mammo, écho, il a même ajouté une IRM. Pour la rassurer, on lui fera une ponction des deux seins au mammotome la semaine prochaine. Il lui a dit qu'elle avait de la mastose, elle est ravie. Il va aussi lui faire faire une ostéodensitométrie.

– Ce de Funès, avec son manque de tact, il ruine la Sécurité sociale... »

En France, aux yeux de la loi, un médecin qui affirme à un patient qu'il n'a rien prend bien plus de risques que celui qui se met à l'abri en annonçant une maladie imaginaire.

Paris n'était qu'à une vingtaine de minutes de Saint-Follin, mais j'avais l'impression d'être égaré dans une contrée lointaine. La société des Follinois semblait obéir à des lois aussi obscures que celles qui régissent les termites. À mon avis, ces gens-là n'étaient ni hétéro, ni homo, ni bi. À la rigueur, monosexuels. Et pourtant, cette ville était vouée à la reproduction : des groupes de gamins pâlots, tout de bleu marine vêtus, suivaient des croupes de jument, et des poussettes pour triplés envahissaient les trottoirs.. Je ne cessais de m'interroger sur leur mode d'accouplement. Il n'était pas aussi facile à observer que celui des bonobos, grands singes cousins des chimpanzés, qui sont peu farouches et très portés sur la chose. Les Follinois ne sont ni exhibitionnistes, ni échangistes. Poussé par une curiosité toute professionnelle, j'ai questionné psychiatres et sexologues du cru : ils étaient tout simplement débordés. La névrose trouve chez les bien-pensants un terrain favorable.

Respectant scrupuleusement les préceptes du Saint-Père, ils ne copulent que pour procréer. Un mois avant la saillie, la femme entame un régime aussi complexe que celui que préconise le cancérologue Belpomme. Certains favoriseraient les garçons, d'autres les filles. Le jour et l'heure du rapport seront déterminés, à cinq minutes près, par la température corporelle. Le moment venu, monsieur est prié de se préparer à l'acte dans l'obscurité. Éjaculateur précoce, il pousse rarement son avantage jusqu'à la pénétration. Ceci ne perturbe guère madame : la petite cuiller de vermeil que sa mère lui a offert est sur la table de nuit : la semence trouvera bien vite le chemin de la félicité. Ensuite, madame reste allongée une bonne heure, jambes en l'air, sous le crucifix.

Après un gigot flageolets avalé chez belle-maman, qu'il appelle « ma mère », monsieur met à profit l'après-midi dominical pour s'immerger dans la comptabilité familiale. L'ordinateur est son péché mignon : pas question de rater une mise à jour. Il saisit tour à tour les frais de nourriture, le denier du culte, et surtout les frais médicaux. Il est bien décidé à amortir la prime que lui soutire chaque année sa mutuelle : la famille, contrairement à la nourriture, ne lésine pas sur les docteurs. La névrose de madame, la superactivité de Florentin, l'anorexie d'Aliénor, le psoriasis d'Albéric, sans parler des redressements dentaires, du kiné et des vaccins. S'il n'avait pas découvert ce génial logiciel de gestion conçu pour l'élevage porcin, il y serait encore au moment du film du dimanche soir. Il suffit de changer les intitulés de colonnes. Clairette, diminutif de madame, remplace truie ; Verrat devient papa, etc. Ce programme propose un ingénieux système de codification par chiffres et lettres-clés :

56 = obstacle psychique à la lactation
42 = obstacle psychique à l'alimentation
M = mamelle
J = jambe
0 = pas de blessure
1 = croûte cicatrice
2 = plaie

Ainsi, *Marine 42 60 1 j 20* signifie Marine : anorexie, 60 euros ; croûte à la jambe, 20 euros.

En fin d'année, le total des sommes remboursées par la mutuelle doit être impérativement supérieur au montant de la cotisation. Au cas où les objectifs ne seraient pas atteints d'ici novembre, on passerait commande de deux ou trois paires de lunettes de soleil, que l'opticien facturerait comme des lunettes de vue.

Les malheurs d'Amélie

Amélie de La Butinière, la jolie trentaine, était épouse de colonel. Après deux ans au Cameroun, toute la petite famille retrouva sa mère patrie. Grâce au fascicule « Saint-Follin Accueil », elle bénéficia bien vite de mille et un conseils indispensables à une maman de quatre enfants : horaires des messes, meilleures écoles... Aymeric, l'aîné, fut inscrit d'office chez les louveteaux : sa blondeur et son uniforme devraient y faire sensation ; elle croyait revoir Peter O'Toole dans *La Nuit des généraux*.

Tout allait pour le mieux pour Amélie, avant que des démangeaisons inopportunes ne s'immiscent dans un endroit que la pudeur m'interdit de nommer. Elle appela son époux à la caserne, utilisant un langage codé, comme il le lui avait recommandé :

« Le minou se gratte beaucoup.

– Emmène-le tout de suite chez le vétérinaire ! »

Forte de ces instructions, Amélie appela immédiatement l'hôpital.

« Un rendez-vous vient de s'annuler. Venez pour quatorze heures, le docteur Barnier vous examinera. »

Amélie s'attendait à un décor rustique : la propreté du vaste hall de marbre blanc la rassura, on y aurait vu un microbe danser. Elle aperçut une hôtesse coiffée d'un calot rose :

« J'ai rendez-vous avec le gynécologue.

– Vous vous êtes trompée de bâtiment. Ici, c'est l'unité de soins palliatifs.

– Oh, on m'a parlé de ces nouvelles techniques à Yaoundé. Mon mari était en poste là-bas. Utilisez-vous des algues aux huiles essentielles contre l'affaissement des tissus ?

– Sans vouloir vous vexer... Ce sont des techniques qui datent du temps des pharaons. Nous n'en sommes plus là. Nos maîtres thanatopracteurs utilisent des jets d'antiseptiques à haute pression : le corps est parfaitement désinfecté et les odeurs disparaissent.

– Vous avez un dépliant ? Une cure pourrait m'intéresser.

– Mais, madame... ces soins sont réservés aux morts.

– Mon Dieu, ce n'est pas un centre de thalassothérapie ?

– Nous accompagnons les mourants, madame.

– Je suis confuse, quelle méprise ! Que voulez-vous, en Afrique, on meurt au milieu des siens et on est enterré le jour même.

– Je suis d'origine algérienne. De vous à moi, au bled, on n'a pas besoin non plus de tout ce cirque... Et la morphine, ça aide. Regardez la dame qui sort de l'ascenseur, vous ne l'avez jamais vue à la télé ? C'est Sophie Lareine-

Leroy, une grande psychologue, ses livres se vendent très bien. *Je te fermerai les yeux*, ça ne vous dit rien ?
– Si ! Je l'ai vue chez Murielle Thomas.
– Ça marche fort pour elle ! Mais là, elle n'a pas l'air dans son assiette... Des soucis, madame Lareine-Leroy ? Vous avez les yeux rouges...
– C'est Victor... Il a perdu conscience, c'est la fin.
– Pourtant, son dernier scanner était bon, vous étiez toute contente !
– On m'avait caché une métastase cérébrale... Il ne fêtera pas ses dix-neuf ans.
– Vous avez toute ma sympathie. Votre Mercedes est au parking. Madame Lareine-Leroy ? En allant la chercher, auriez-vous la gentillesse d'indiquer le pavillon de gynéco à cette dame ? »

Sur le chemin, Amélie se sentit obligée de faire preuve d'un peu de compassion :

« Victor... ce n'est pas votre fils, j'espère : c'est horrible de mourir d'un cancer si jeune

– Je n'ai pas d'enfant. Victor est mon chat. Il m'avait été confié par un centre pour animaux en difficulté. »

Amélie scruta taillis et massifs . y avait-il une caméra cachée ?

« C'est bien triste, répondit-elle d'un ton joué. Ainsi va la vie... Ah, je crois que je suis arrivée : je vais vous quitter, en vous remerciant !

– Vous me prenez pour une déséquilibrée, n'est-ce pas ? Je le lis dans votre regard.

– Pas le moins du monde ! Je pensais au décès de Dolly, notre cocker.

– Oh, tiens, à propos de cocker, puis-je vous demander conseil ?

– Bien sûr, mais je dois me dépêcher : j'ai rendez-vous dans cinq minutes.

– Trouveriez-vous inconvenant que Victor soit enterré à côté d'un chien ? Une de mes amies a perdu son cocker il y a un mois : elle était désespérée, impossible de l'arracher à la pauvre bête. Elle s'était enfermée avec lui dans sa chambre et refusait de s'alimenter : "Jamais on ne m'enlèvera Youky ! hoquetait-elle. Si on entre de force, je me suicide !" Je l'ai finalement décidée à nous ouvrir, en lui promettant que son chien serait inhumé sous ses fenêtres. On commençait tout juste à réduire ses doses de calmants, lorsqu'un de ses amis lui a fait remarquer qu'en cas de déménagement, elle devrait abandonner Youky... Quel idiot ! Le pire était à craindre, mais j'ai eu une idée géniale. "Marlène, lui dis-je, enterrez-le au cimetière animalier d'Asnières." Et elle a obtenu une magnifique concession à côté de la statue de Barry – vous savez, le célèbre saint-bernard. Le caveau sera terminé dans une quinzaine : Marlène et moi pourrions partager les frais, et j'aurais ainsi une place pour Victor. Qu'en dites-vous ?

– Eh bien... C'est une bonne idée, mais qu'allez-vous faire de Victor, s'il meurt avant ?

– Je le mettrai au congélateur.

– Bon... je suis en retard, bonne journée ! »

Les malheurs d'Amélie

Les murs ripolinés et les femmes en boubous multicolores attendant leur tour rappelèrent à Amélie le dispensaire d'Albert Schweitzer, à Lambaréné.

« Vous venez voir Bertrand ? s'enquit la secrétaire
– Non, le docteur Barnier.
– C'est bien lui. Il est parti déjeuner.
– Vous m'aviez dit à quatorze heures précises : j'espère que toutes ces dames qui attendent ne passent pas avant ?
– Attendez, je vais me renseigner. Allô, la cantine ? Il est là, Bertrand ? Merci. Allô, poussin, c'est Nyambura. La quatorze heures est arrivée, t'en es où ? Au yaourt ? »

Le docteur Barnier se montra un quart d'heure plus tard :

« Ça va, ma puce ? glissa-t-il à Nyambura en lui pinçant un bourrelet. Ouh là, tout ça... soupira-t-il en parcourant sa liste de rendez-vous.
– Oui, mon petit poussin ! Allez, au boulot !
– Bon, quand y faut aller au cul, faut y aller ! Madame de La Butinière, s'il vous plaît ? »

Lorsqu'elle vit Amélie s'engouffrer dans l'aumônerie, les yeux rivés au sol, sac à main plaqué sur le ventre comme un bouclier, madame Merlot imagina le pire. Elle la fit asseoir et lui tamponna les tempes à l'eau de géranium.

« N'ayez pas honte de vous être enfuie de chez ce Barnier, s'exclama madame Merlot, outrée. Vous avez certainement échappé à un maniaque sexuel ! L'hôpital, c'est pour les indigents, les immigrés, les infidèles ! Tout va s'arranger : allez à la clinique du Saint-Esprit. Le docteur de… de… Oh, zut ! J'ai son nom sur le bout de la langue… Il est au Rotary Club, il a des références ! Il se serait occupé de l'épouse de Philippe de Villiers. Après un tel choc, vous serez plus à l'aise là-bas. Il y a aussi une femme dans ce service : madame Cramusel. Au club de crochet, l'autre soir, elle nous a fait un exposé époustouflant sur la contraception naturelle par analyse de la glaire cervicale.

– Ah ? C'est nouveau ? demanda Amélie, rassérénée.

– Non, c'est ancien, mais les laboratoires pharmaceutiques refusent qu'on en parle, de gros intérêts sont en jeu. Madame Cramusel mène un combat courageux. Je vous explique sa démarche : vous vous abstenez de tout rapport du dixième au dix-septième jour du cycle. Elle recommande même de commencer le sevrage quelques jours plus tôt et de le prolonger d'autant. "L'homme n'a pas à disposer du corps de sa femme au gré de ses instincts. Nous ne sommes pas en Iran !" dit-elle.

– Quand on aime son mari, on peut quand même éprouver certaines envies, se risqua Amélie.

– Selon madame Cramusel, ce sont les œstrogènes qui provoquent ces pulsions. La progestérone serait l'antidote de la dépravation : cette hormone a la capacité d'annihiler les élans pervers. Madame Cramusel fait un parallèle avec l'arrêt de la cigarette. Le désir de fumer est jugulé par un patch de nicotine ; celui de copuler par un patch de progestérone. C'est aussi simple que cela. Quand je pense qu'en entendant ces explications, une effrontée s'est permis de crier "Baisoprive !" Le comble, c'est que monsieur le vicaire assistait à la conférence... Mais attention, ce n'est pas parce que madame Cramusel a dédié sa maison à la Vierge que c'est une bigote acharnée. Oui, à la Vierge, son jardin est entièrement blanc : tulipes, narcisses, lilas, arums immaculés en font un pur enchantement... Les rideaux et les tapisseries sont, eux aussi, couleur albâtre. Je ne vous envoie pas chez n'importe qui, ma chère enfant. Les rapports charnels entre les deux créneaux d'abstinence sont possibles, grâce à l'analyse de la glaire cervicale. C'est l'originalité de la méthode. Juste avant le passage à l'acte, vous vous essuyez minutieusement avec du papier toilette, et vous récoltez une mucosité comparable au blanc d'œuf : c'est la fameuse glaire. Vous la prenez entre deux doigts, que vous écartez doucement. Si elle file sans casser, vous avez le feu vert. C'est comme la confiture : tant qu'elle n'est pas cuite, elle se rompt.

– Et vous-même, madame Merlot, avez-vous testé cette méthode ?

– Hélas... je n'en ai pas eu l'occasion. Autant vous l'avouer : mon mari m'a quittée.

– Oh...

– Avant que des âmes peu charitables ne le fassent à ma place, je préfère vous raconter l'horrible vérité : Antoine, le parrain de ma fille Bérengère, a été terrassé à l'âge de quarante-deux ans par la maladie de Charcot. Ça vous paralyse de la tête aux pieds en un rien de temps. Le premier symptôme s'est manifesté le jour de la Chandeleur : il s'est brusquement figé, vidant toute une bouteille de Grand Marnier sur une crêpe. Antoine est décédé deux ans plus tard, au centre de soins palliatifs que vous avez visité. Il était notaire, et c'est sa femme Bernadette qui faisait tourner l'étude pendant son calvaire. Elle avait engagé une garde-malade portugaise, Fatima. Guy, mon mari, était généraliste, il rendait visite à Antoine tous les matins. Comment imaginer qu'à quelques mètres du fauteuil roulant, il se livrait aux pires débauches avec Fatima…

« Un jour, Bernadette surprit Guy et Fatima. En apercevant leurs corps s'agitant derrière son mari, elle a cru à une agression, et s'est mise à hurler de terreur. C'est d'autant plus incompréhensible que Guy n'était pas porté sur la chose. Nous n'avions plus besoin de nous toucher · nos deux enfants suffisaient à notre bonheur. »

Les radiologues intelligents

Le professeur Emmanuel Cabanis m'avait incité à assister régulièrement aux « staffs » de son service d'imagerie, à l'hôpital des Quinze-Vingts. Les staffs sont des réunions au cours desquelles sont présentés et discutés des dossiers de patients. Les centres anticancéreux, pour leur part, leur préfèrent le mot « comités » – en référence, sans doute, au Comité de salut public cher à Robespierre.

Lors d'un staff, un interne commence par chauffer la salle en exposant brièvement l'histoire du malade. Comme dans un bon roman policier, l'intrigue, qui semble simple au départ, se complique et s'enchevêtre. Impérial, le patron se lève alors, et en quelques phrases assorties d'effets de manches, replace son élève dans le droit chemin. Des assistants tentent parfois une contradiction respectueuse, donnant à leur seigneur et maître l'occasion d'engager un long monologue invoquant l'éthique médicale, les résultats d'analyses, la bonne vieille anatomie, l'Académie de médecine et les commissions parlementaires.

On convie quelquefois à la séance des figures prestigieuses. Une fois, l'invitée de la semaine était anthropologue au musée de l'Homme. Elle voulait scanner le bout de mâchoire d'un homme préhistorique. Le patron s'enthousiasma à l'idée que son nom pût être accolé à une radio de mandibule dans une vitrine du célèbre musée.
« Vous devez, en l'examinant, traiter cet ossement avec tout le respect dû à un être humain » déclara-t-il d'un ton solennel, oubliant qu'un crâne lui servait de presse-papier.

Si ce haut lieu de la neurologie était un restaurant, il mériterait au moins deux toques et une critique élogieuse. Dans cette maison « de haute tradition, dirigée de main de maître, les plus jeunes subiront un formidable cours de remise à niveau, idéal pour mémoriser quelques standards et les comparer ensuite à des copies moins réussies. » (*Gault et Millau*, France 2007)
Astrocytomes, méningiomes, oligodendrogliomes et toutes sortes d'autres curiosités, dont le suffixe -ome ne présage jamais rien de bon, se succédaient les unes aux autres lors du passage en revue des radiographies. Ce n'étaient que des photos de cerveaux, mais comment ne pas songer à leurs malheureux propriétaires ? Et pourtant, je sortais de la salle ragaillardi. Était-ce la joie de ne pas abriter moi-même un de ces monstres des abysses cérébraux ? Certes, mais pas seulement : je me trouvais dans un état d'excitation voisin de celui d'Howard Carter découvrant la chambre funéraire de Toutankhamon. Je côtoyais une espèce que je croyais disparue à jamais : les

radiologues intelligents. Car je l'affirme : les habitants du service d'imagerie des Quinze-Vingts lisaient des livres. J'irai même plus loin, quitte à passer pour un affabulateur : ils connaissaient Liszt et Mendelssohn. Plus étonnant encore, ils parvenaient à poser des diagnostics.

Une question me vint naturellement à l'esprit : d'autres colonies de radiologues intelligents auraient-elles survécu ? Je partis visiter de grands hôpitaux, apportant des clichés radiologiques que je prétendais ne pas comprendre. On se mit en quatre pour me tirer d'affaire. J'ébauchai alors une hypothèse passionnante : les radiologues de ville auraient-ils subi la même évolution que les macaques, en Inde ? Attirés par la profusion des déchets touristiques, ils ont totalement colonisé les rues de New Delhi. Plus ils engraissent, plus leur humeur s'altère. Non contents de s'étriper pour une orange, ils s'en prennent aux hommes, et se sont mis à les dévaliser. J'étais peut-être contaminé moi-même par cette forme d'Alzheimer du radiologue : j'avais beau fréquenter les Quinze-Vingts depuis une dizaine d'années déjà, je ne comprenais toujours rien aux scanners et aux IRM du cerveau.

« Mais l'imagerie du cerveau ne peut que te rester étrangère, me rassura l'un des radiologues intelligents. Tu n'as aucune formation en neurologie. C'est comme si je prétendais pouvoir déceler des cancers du sein, en ayant suivi la formation que propose le dépistage systématique. Les diapositives ne sont pas suffisantes. Au vu des performances des appareils actuels, il est impossible de poser un diagnostic si l'on ne possède pas la connaissance clinique de la maladie recherchée. On n'aboutira jamais qu'à un "pt'êt ben qu'oui, pt'êt ben qu'non". »

Malgré leur multiplication, les radiologues de ville sont condamnés à disparaître. Il serait criminel de se dire capable d'effectuer tous les examens d'imagerie. Un obstétricien ayant des milliers d'accouchements à son actif me semble le plus apte à pratiquer une échographie obstétricale. Pourquoi un gastro-entérologue ne pratiquerait-il pas lui-même des IRM de l'abdomen ? On voit bien fleurir des centres d'imagerie de l'œil, dirigés par des ophtalmologistes. De très rares radiologues se sont déjà hyperspécialisés, ne se consacrant qu'à un seul domaine : imagerie dentaire, sénologie... Le mouvement est en marche.

L'artiste contemporaine Sophie Calle proposa pendant un temps à des inconnus de dormir dans son lit – en tout bien tout honneur : elle se contentait de les photographier. C'est ainsi qu'à une exposition, un de mes amis aperçut un jour ses fesses émergeant d'une paire de draps. Sophie Calle s'est aussi fait engager femme de chambre dans un palace, consignant dans des carnets des conversations entendues derrière les portes, et fixant sur la pellicule valises ouvertes ou draps barbouillés de rouge à lèvres.

Inspiré par sa démarche, j'ai proposé mes services temporaires à de nombreux centres d'imagerie – non comme valet de chambre, mais comme remplaçant, ce qui revenait à peu près au même. J'allais m'apercevoir que la taille des enseignes lumineuses était sans rapport avec celle des échoppes qu'elles vantaient – pas davantage, d'ailleurs,

Les radiologues intelligents

avec les promesses affichées sur la devanture. Au fond de son exigu réduit, je découvris ainsi un artisan radiologue, déguisé en dentiste des années 1960, qui faisait tout lui-même, secondé par une collaboratrice dont ses sabots claquaient au même rythme que leur machine à développer L'appareil d'échographie était relégué dans l'antichambre de toilettes. Seule concession à la modernité : un appareil de mammographie flambant neuf, financé par la manne providentielle du dépistage systématique du cancer du sein. Le mode d'emploi était scotché au-dessus du bouton marche/arrêt. La vitrine avait beau s'en targuer, aucun scanner à résonance nucléaire à l'horizon.

L'épouse de l'artisan radiologue faisait souvent office de standardiste :

« Allô, centre d'imagerie médicale du docteur Ripeux, j'écoute.

– Je voudrais prendre rendez-vous pour un scanner de la colonne vertébrale.

– Mardi à dix-sept heures ?

– Parfait, je serai chez vous à seize heures trente. Mieux vaut arriver en avance qu'en retard.

– Oui, mais ce n'est pas ici. Le docteur Ripeux vous recevra à la clinique des Anémones.

– Où est-ce ?

– À Grady, rue du Commandant-Blaireau : c'est facile, vous prenez la ligne F du RER, demandez votre chemin à la sortie, c'est à deux pas. »

Ou bien :

« Allô, je dois faire une IRM du cerveau.

– Mercredi 15 mai à minuit, rue de Rouen à Amiens, ça vous va ?

– Amiens... bon, mais... je suis une vieille cliente, le docteur Lebœuf ne peut pas me prendre à un autre horaire ?

– Hélas non, il ne dispose que du créneau minuit deux heures du matin. Le centre d'imagerie est à cinq cents mètres de la gare : une salle d'attente chauffée avec fontaine d'eau fraîche sera à votre disposition, jusqu'à la reprise du trafic. Si j'ai bonne mémoire, il y a même un distributeur de boissons chaudes. »

Ma négritude

Il m'est aussi arrivé de faire des remplacements dans des supermarchés de la radiologie, s'annonçant sur de petites plaques de cuivre du dernier chic. Leurs halls d'accueil, tout en marbre, me faisaient penser à des salons de coiffure de luxe. L'envers du décor était moins fastueux : je me retrouvais bien souvent plié en deux sous un négatoscope, dans un local insalubre pompeusement baptisé « département de sénologie ».

Ma présence dépendait des grèves des aiguilleurs du ciel. On m'appelait quand la cargaison hebdomadaire de médecins maghrébins n'avait pas pu décoller. J'étais à bord d'un navire négrier. Le capitaine Crochet quittait rarement sa dunette. Les yeux rivés sur un écran, il suivait en temps réel, non pas le déroulement des examens, mais la courbe des recettes. Une caméra permettait à sa garde-chiourme de surveiller le temps d'occupation des toilettes ; elle écoutait sûrement nos conversations. Le commandant en second escortait les fidèles clientes qui prenaient chaque mois une formule « tête aux pieds ». Elles se croisaient à moitié nues dans les coursives :

« Vous êtes là, Yolande ? Vous en êtes où, vous ? La thyroïde ? Quelle chance ! Moi j'en suis toujours au lavement virtuel.. Nous nous retrouvons bien ce soir à dîner chez les Daubray-Lacaze ? Parfait, chère amie. »

Le capitaine Crochet m'avait à l'œil : il flairait le trublion. Il signait mes comptes rendus de son beau stylo-plume et, sans même jeter un œil aux clichés mammaires qui les accompagnaient, rejoignait l'intéressée dans un réduit noir. Comme mes premiers vieux croûtons, il se tenait en haute estime et n'était pas avare de conseils.

« Je m'assois à côté d'elles et je leur parle à voix basse, m'expliquait-il. Ça leur donne un sentiment d'intimité et de compétence. Je leur touche le bras : le contact les rassure. » Il ne manquait d'ailleurs pas de talent : suspendue à ses lèvres, la patiente était persuadée qu'il avait examiné ses radios à la loupe.

Peu enthousiaste à l'idée de me payer deux fois plus qu'un de ses esclaves ordinaires, il ne m'appréciait guère. Sa hantise était que je m'attarde sur une image, que je demande un cliché supplémentaire. Il entrait en fureur lorsque je pensais déceler un cancer, surtout s'il était passé inaperçu lors de l'examen de l'année précédente. Je ralentissais le débit.

Mais les histoires que je découvrais étaient une source constante de stupéfaction et m'encourageaient à m'incruster. Un monsieur arriva un jour, les résultats d'un scanner à la main : « Je lis : "Utérus à la limite de la normale" Elle est bonne, celle-là ! s'écria-t-il. Ça fait au moins dix ans que ma femme n'a plus d'utérus. Je veux parler à un médecin ! »

La bourde était signée de la main du capitaine, lequel feignit l'indignation : « Du calme, monsieur, je vous prie : vous parlez à un médecin de la Chicago Radiological Society. J'arrive à peine d'un congrès en Chine. Votre femme n'a rien : c'est le principal. J'étais parfaitement conscient qu'elle avait subi une hystérectomie. Par "utérus à la limite de la normale", je désignais le col et le bout réglementaire que le chirurgien doit laisser lors de l'ablation. »

À Paris, je suis resté quatre ans chez Charles <*Bip*>, l'un des rarissimes radiologues consciencieux que j'aie rencontrés. Je préserve son anonymat, afin de lui éviter des ennuis avec le conseil de l'ordre, protecteur des truands et pourfendeur des médecins intègres. Depuis plus de trois décennies, il se consacre à la mamelle du matin au soir. Et maintenant, du soir au matin également, depuis l'enregistrement numérique des images : la nuit, il peut se repasser en boucle la totalité des seins de la journée, stockés sur des disques durs. Sur mon conseil, il avait accepté de prendre enfin quelques jours de congés annuels. Hélas, comme Charlot dans *Les Temps modernes*, serrant des écrous dans le vide après des heures de travail à la chaîne, il était lui aussi atteint d'un trouble obsessionnel compulsif. Au bord de la mer, les poitrines nues offertes aux rayons solaires sont en danger permanent : au moindre doute sur un galbe, sur la rétraction d'un mamelon, il était capable de bondir contrôler du bout des doigts l'objet de ses doutes. Il dut se rabattre sur les plages pluvieuses d'Écosse.

Les scanners et les appareils à imagerie par résonance magnétique ne peuvent être installés dans un cabinet sans autorisation préalable du ministère de la Santé. On pourrait naïvement croire que ce blanc-seing s'accorde après simple vérification des compétences du demandeur. Mais pendant bien longtemps, fut exigée une contrepartie en petites coupures. Ces pratiques seraient aujourd'hui abandonnées ; il n'en reste pas moins que les merveilleux joujoux se retrouvent souvent chez des flibustiers de renom. Après tout, comment un fonctionnaire, chef de cabinet ou ministre, peut-il juger sur simple dossier de l'autorité d'un radiologue en neurosciences ? Ces flibustiers ne manquent pas d'apposer leur nom en tête de revues scientifiques où l'on peut lire des dossiers rédigés par de jeunes médecins-nègres littéraires.

Un dentiste sévissait autrefois dans notre famille : mon oncle. Quand j'avais une dizaine d'années, il m'arracha une molaire en pleine santé pour, disait-il, « faire de la place aux autres ». Bien des années plus tard, ce trou perturba au plus haut point Fawsi, mon docteur en chirurgie dentaire – les titres évoluent. Une excavation au milieu des Champs-Élysées ne l'aurait pas effaré davantage. Il se mit à me pincer la gencive, à secouer les dents voisines.

« Il faut faire quelque chose, martelait-il à chaque visite. Ça va finir en avalanche, toutes les dents voisines vont s'effondrer comme des dominos. »

Plus je restais impassible, plus il s'emballait. Cela devenait une obsession. Je finis par céder :

« Bon, allez, Fawsi, pose-moi un implant... » On aurait dit un enfant face au père Noël. Il m'embrassa en battant des mains.

« Je t'envoie passer un scanner de la mâchoire, m'annonça-t-il en commençant à griffonner une adresse.

– Attends. Quitte à me faire irradier, autant que ce soit par Robert C., un radiologue intelligent. »

Celui-ci me vanta les mérites de sa nouvelle machine *newtome*, irradiant trente fois moins qu'un scanner. Je ne me fis pas prier. On plaça ma tête dans un anneau circulaire. Le rayonnement ne circule pas autour du sujet : il est émis en une prise, comme une simple radiographie, puis reconstruit en trois dimensions par un puissant système informatique. Ravi, Fawsi put évaluer la profondeur de mon nerf dentaire. Le *newtome* s'est développé dans tous les pays d'Europe sauf la France, pour une raison toute simple : les commissions d'attribution de matériel, dévouées aux négriers, le voient d'un mauvais œil, et veulent à tout prix le soumettre à une autorisation préalable.

Les Morticoles

Le cinéaste Serge Korber m'a appris que mon père avait dans l'idée d'adapter *Les Morticoles* de Léon Daudet, le fils d'Alphonse. Il ne m'avait jamais parlé de ce projet, de peur, sans doute, qu'à l'instar de l'auteur, j'abandonne aussi la médecine. Nos études touchaient au même domaine et nos pères sont célèbres, mais mes points communs avec Léon Daudet s'arrêtent là. À la fin de son apprentissage, il a eu, lui, le courage de tout arrêter, se consacrant dès les années 1890 à l'écriture des *Morticoles*. Il désigne sous ce nom une junte de médecins qui imposent leurs lois et leur pouvoir à un peuple imaginaire. En Morticolie, chaque citoyen est un malade en puissance, à qui on impose des dépistages et des régimes insensés. On les perfore, on les ampute à l'envi.

J'ai retrouvé dans la bibliothèque familiale un exemplaire soigneusement annoté par mon père. Chez ses parents, Léon Daudet n'avait côtoyé que des gens d'esprit : Guy de Maupassant, Barbey d'Aurevilly, Edmond de

Goncourt... Peu habitué à la médiocrité intellectuelle, il ne fut que plus horrifié, une fois carabin, de l'arrogance, du carriérisme et de l'égocentrisme des grands professeurs de l'époque. Même l'illustre Charcot, un ami de ses parents, charmant en privé, devenait un sombre despote dans son service de la Pitié-Salpêtrière, ne voyant chez ses malades que des cobayes en puissance.

Enfant, Léon Daudet avait été confié aux soins du chirurgien Jules-Émile Péan pour une douleur au genou. Par chance, celui-ci se contenta de lui prescrire un cataplasme quelconque. En assistant plus tard à l'une de ses prouesses opératoires à l'hôpital Saint-Louis, qu'il raconte dans ses *Souvenirs littéraires*, il comprit à quelle sorte de supplice il avait échappé :

« Le virtuose du couteau abat trois jambes, deux bras, désarticule deux épaules, trépane cinq crânes, enlève en se jouant une demi-douzaine d'utérus et quelques paires d'ovaires. »

L'idée d'adapter les *Morticoles* a dû germer chez mon père à sa sortie de l'hôpital Necker, après son infarctus de 1975. Séquestré pendant deux mois, il avait eu tout le loisir d'observer les blouses blanches dans leur milieu naturel. Il bénéficiait d'une remise en liberté conditionnelle. Il était sur le point de quitter le pavé de la cour, quand retentit la voix stridente d'une infirmière :

« Monsieur de Funès ! Monsieur de Funès, attendez !

– Jeanne, n'ayons l'air de rien, chuchota-t-il à ma mère. Les taxis ne sont qu'à quelques mètres. Mon dernier taux de prothrombine ne doit pas leur plaire. Ils veulent me reprendre.

— Ne t'inquiète pas, c'est sans doute pour un autographe. »

Haletante, la grosse dame finit par les rejoindre :

« J'ai une chose pénible à vous annoncer...

— Vous allez me garder ?

— Oh non, monsieur de Funès... C'est au sujet du professeur : il est mort ce matin. Je sais que vous l'aimiez beaucoup...

— Mon Dieu ! Comment est-ce arrivé ?

— Un infarctus foudroyant.

— Ça alors ! »

Ma mère réprima un fou rire dans son mouchoir.

« Ça a l'air d'amuser votre épouse...

— Pas du tout, les marronniers la font éternuer, elle a le rhume des foins. »

L'infirmière rebroussa chemin en grommelant.

« Mais enfin, Jeanne, de quoi avons-nous l'air ?

— Excuse-moi, mais la mort de ce vieux bonhomme m'a déclenché un rire nerveux.

— Mais pourquoi ? C'était un homme très bien.

— Écoute : le jour de ton accident, je l'ai croisé dans un couloir. En le remerciant pour le travail de son équipe, j'ai ajouté que je commençais à reprendre espoir. Et voilà qu'il me lance : "Avez-vous conscience, madame, que votre mari est au plus mal ? — Vous ne voulez pas dire qu'il va mourir ? — Hélas, madame, hélas... dit-il en tournant les talons. J'ai failli tourner de l'œil, une jeune fille qui passait m'a rattrapée.

– Tu ne me l'avais jamais raconté.

– Tu l'aurais pris en grippe, et dès que tu l'aurais aperçu, ton électrocardiogramme se serait agité. Mieux vaut être bien avec ces gens-là, quand on est à leur merci. »

Pour mon père, commença dès lors le règne des anticoagulants. Les cardiologues jugent de l'efficacité de ces substances par le dosage sanguin du taux de prothrombine exprimé en pourcentage, la norme étant comprise entre 80 et 100 %. Ils s'arrangent pour maintenir leurs malades entre 50 et 60 %. Sous ce seuil, la coagulation devient inefficace et de grosses hémorragies sont à craindre. Je n'y connais pas grand-chose en cardiologie, mais il me semble que la prudence la plus élémentaire commande de maintenir le pourcentage un peu au-dessus du seuil fatidique. J'ai malheureusement pu observer que certains cardiologues font du taux de prothrombine une affaire personnelle, et prennent comme un affront une baisse trop timide. Gare au malade qui afficherait des velléités de coagulation : en la matière, la présomption d'innocence n'existe pas. Le patient est fautif si sa prothrombine ne descend pas, coupable si elle descend trop. Chacune de ses paroles pourra être retenue contre lui :

« Vous avez pris de l'aspirine, monsieur Calomel ?

– Non, docteur.

– Vous avez peut-être cuisiné avec de l'huile rance ?

– Je n'utilise que du beurre.

– Je vous ai dit cent fois que le beurre vous est interdit. Vu votre manque de coopération, je vais inspecter votre pacemaker. Je vous branche sur l'ordinateur : je vais en apprendre de belles ! Votre rythme cardiaque est de 70, votre impédance de pile est correcte.

– Vous me rassurez, docteur.

– Tiens, tiens, le tracé s'agite... Vendredi 2 février, entre quinze et seize heures... Vous avez fait un jogging ?

– Vous plaisantez, je ne rate jamais ma sieste, c'est vous-même qui me l'avez conseillé.

– Pourtant, l'enregistrement indique qu'à ce moment-là, votre cœur battait à 120, avec des pointes à 140. Vous avez un vélo dans la chambre ?

– Mais non.

– C'est bizarre, quand même : tous les vendredis à la même heure, votre pacemaker fait une pointe à 120... Pour la dernière fois, je vous le demande : que faites-vous le vendredi entre quinze et seize heures ? Parlez, ou je vous hospitalise !

– Gardez-le pour vous, mais... Eh bien, voilà... C'est le jour où la voisine me rend visite pendant que ma femme est à son club.

– Je veux bien avoir les idées larges, mais une heure à 120, c'est un peu étonnant !... Et ces montées jusqu'à 140 ne peuvent être dues qu'à des pratiques particulières que la morale réprouve. »

Le caractère du chirurgien

Le mythe de l'homme en blanc, trousseur de jupons invétéré, a encore de beaux jours devant lui – même si, avec le temps, il a viré au vert ou au bleu. Il fait tout, d'ailleurs, pour entretenir sa légende. Maître du bloc opératoire, il claque toutes les croupes féminines qui passent. Panseuses, infirmières, anesthésistes ou chirurgiennes n'ont plus qu'à se tenir à distance du seigneur à la crinière hérissée, qui sait également tenir en respect les autres mâles à la ronde.

Gérard Oury fut le témoin bien involontaire d'un face-à-face inattendu entre deux de ces fauves. Il venait de subir une intervention bénigne à la jambe, et se mit à souffrir de sa plaie sur un tournage à l'étranger. Par prudence, il préféra faire un saut à Paris. Son chirurgien s'étant absenté, on lui proposa d'en consulter un autre. Penché au-dessus de sa jambe, celui-ci avait commencé à l'examiner consciencieusement, lorsque Gérard aperçut l'autre arriver à grands pas. Alors qu'il s'apprêtait à se redresser pour le saluer, le chirurgien se jeta, tel un rugbyman, sur le dos de son confrère en le tirant par les cheveux : « Salaud ! Tu me piques mon malade, je vais te tuer ! »

S'empoignant comme deux catcheurs, ils risquaient à tout moment de s'effondrer sur Gérard, pétrifié sur sa table d'examen. Deux brancardiers durent venir jouer les arbitres.

Certains prétendent que le plus féroce des chirurgiens est l'orthopédiste, « le rafistoleur d'os ». Avec son côté boy-scout décrassé au savon de Marseille, il cache bien son jeu. Ses réactions sont totalement imprévisibles. Cela dit, il en existe de fort serviables. Quand je devais remplacer un radiologue dans une clinique en province, l'un d'eux avait souvent la gentillesse de m'emmener à la gare. « Grimpe dans mon Panzer ! » me lançait-il, parlant de sa Mercedes. C'était également un mélomane : au volant, il fredonnait tout un tas d'airs militaires de la Wehrmacht. Pour rire, sans doute.

Un musicien de mes amis se fractura un jour le scaphoïde, petit os situé sous le poignet. À l'hôpital Boucicaut, réputé pour la main, un homme en blanc l'examina :

« Si j'appuie là, ça vous fait mal ?

– Pas trop. »

Il lui secoua la main comme un hochet.

« Aïe !

– Bien : je vais insérer une vis dans l'os.

– Docteur, je suis violoniste, je ne voudrais pas perdre la souplesse de mon poignet.

Le caractère du chirurgien

– Mais enfin, on opère aussi des balayeurs, qu'est-ce que vous croyez ? »

Mon ami prit ses jambes à son cou. Je l'adressai à mon orthopédiste chauffeur de Panzer, qui lui fit tout simplement porter une attelle. Trois mois plus tard, le violoniste donnait un concert.

« Vous voyez : il connaît son affaire, ce chirurgien, lui dis-je en allant le féliciter.

– Oui, et je vous remercie Patrick, mais je me permets de vous signaler que ce monsieur, que vous trouvez intelligent et raffiné, m'a dit que vous étiez un con. »

Tous les trancheurs de viande sur pied n'ont pas la brutalité d'un équarrisseur. Dans la bonne ville de Saint-Follin, un obstétricien répétait ses cantiques pour la messe dominicale, tout en retirant des utérus. Son anesthésiste se chargeait du chœur.

« Jean-Claude, endors-la plus profondément s'il te plaît : elle gigote, ça me gêne... Toi, Seigneur, tu es la vie... Toi, Seigneur, tu es la vie... Mais c'est pas possible, Jean-Claude, c'est toi qui dors !

– Excuse-moi, je suis perdu.

– Attrape le missel, je reprends : Toi, Seigneur, tu es la vie...

– Euh... Toi, Seigneur, tu es amour.

– Bravo ! Tu vois, quand tu veux... Je recouds la paroi Allez, on attaque le Sanctus. »

Il n'y a rien de pire que les idées préconçues. J'ai longtemps cru que les chirurgiens de gauche n'existaient pas ; le con de mon externat en aurait été l'un des rares représentants connus. Lourde erreur. Hors de son repaire, le fauve se change en animal de compagnie. Domptant sa crinière rebelle d'une bonne couche de gel, il devient un ardent défenseur des droits de l'homme.

Une gynécologue passait son temps à me chanter les louanges d'une « fine lame », un urologue admirateur de BHL et de Bernard Kouchner. Il l'avait convaincue de se convertir au socialisme, « beaucoup plus chic ». Elle me conseilla de lui rendre une visite confraternelle. « Après tout, le spécimen gauche caviar vaut peut-être le détour », me souffla le zoologue qui sommeillait en moi. La mèche noire qui lui barrait le front et la petite moustache fichée sous ses narines lui donnaient davantage le genre à passer ses mois d'été sur un pic montagneux de Bavière que dans les plaines du Luberon. En le voyant, je partis dans un songe :

Le malade entrouvre les yeux, un visage lui sourit : « Réveillez-vous, c'est fini. » Mais où donc l'a-t-il déjà vu ? « – Monsieur Lefort, répondez-moi, s'il vous plaît… Tout va bien ? – *Jawohl, mein Führer* ! »

LES TUEURS

Je tue pas mal, bien sûr, mais toujours avec le sourire.

Fantômas

Nul besoin de pousser du haut d'un escalier un mari impotent ou une épouse crachoteuse. Inutile de risquer un lumbago en l'étouffant sous un oreiller. Une pincée de pilules pour le cœur en plus – en une seule prise : au petit matin, le vœu sera exaucé. Un doigt d'arsenic fera aussi bien l'affaire, aucun risque. Ce ne sont pas quelques pauvres cours de médecine légale qui transforment un généraliste en Sherlock Holmes : « Je comprends votre choc, madame... Mais s'éteindre dans son sommeil est l'une des plus belles morts qui soit. Voici le certificat de décès, avec toutes mes condoléances. Voulez-vous que je prenne votre tension ? »

Attention, cependant : ces méthodes expéditives sont réservées aux gens âgés. Passé le cap des soixante-dix ans, le généraliste, comme ses concitoyens, tient la mort, même brutale, pour une loi de la nature : « C'est déjà beau d'être arrivé jusque-là, dites donc... »

La mort subite d'un nouveau-né, entraperçu l'espace d'une journée, déclenche des scènes de désespoir bien supérieures à celles que suscite la disparition d'une grand-mère qu'on embrasse depuis quarante ans. La quantité de larmes est inversement proportionnelle à l'âge du trépassé.

Je déconseille vivement le meurtre d'une personne dans la force de l'âge – *a fortiori* celui d'un enfant : gare au médecin légiste. Son intelligence est sans comparaison avec celle d'un radiologue ou d'un gynécologue. Il pratique une authentique médecine interne. Féru d'abats, il les épluche et les débite en fines tranches qu'il met en bocaux ; il fouille les entrailles et leur fait dire l'heure exacte du décès avec la précision d'un coucou suisse. Il est capable de reconstituer la recette du dernier plat avalé par le mort. Il mériterait d'être élu Meilleur Ouvrier de France. Dommage qu'il ne s'occupe que de viande abattue : sur le vivant, il ferait des miracles.

Dans *L'Inconnu du Nord-Express*, Alfred Hitchcock propose une méthode qui n'est pas à la portée de tout le monde : échanger sa victime avec une autre personne, désireuse elle aussi de se débarrasser d'un être cher. Mais, à mon humble avis, la méthode la moins périlleuse est de confier sa proie à un chirurgien tueur.

Pierre Feyel, l'un de nos cousins, était un anatomopathologiste réputé. Il disait connaître des médecins qui s'étaient sciemment débarrassés d'une belle-mère encombrante ou d'un oncle à héritage, en les confiant à un chirurgien maladroit – ce qui faisait rire mon père. Vu le nombre de décès qu'ils provoquent, on peut les qualifier de tueurs en série.

Leur mode opérationnel est cependant très différent de celui du docteur Petiot qui lui était un psychopathe. Il se serait d'abord installé généraliste dans un village de Bourgogne. Comme tous les charlatans, il était adoré de ses malades. Il fut élu maire, puis conseiller général. Son arrestation pour détournements de fonds publics suscita une belle surprise. On découvrit aussi qu'il avait trafiqué son compteur électrique. Après que deux de ses patientes furent retrouvées assassinées, c'est tout de même à lui qu'on demanda de pratiquer l'autopsie.

Le docteur Petiot monta à Paris. L'ordre, tout juste créé, ne lui fit aucune remontrance lorsqu'il placarda dans les pissotières des affiches vantant ses compétences. Après une interpellation pour trafic de stupéfiants, il proposa ses services à des juifs pour les aider à quitter le pays. Il les convoquait à son domicile de la rue Lesueur. Débarquant avec toutes leurs économies, ils étaient immédiatement assassinés dans une chambre à gaz travestie en salle d'attente. Le bourreau surveillait leur agonie par un hublot. Il devait encore avoir son autorisation d'exercer lorsqu'il fut guillotiné en 1945

Le chirurgien massacreur qu'évoquait notre cousin présente un comportement plus proche de celui de l'éléphant que du docteur Petiot. Cet animal, d'apparence débonnaire, est l'hôte le plus dangereux d'un zoo. On ne compte plus les gardiens qui finissent en bouillie contre un mur. Une fois son forfait commis, le pachyderme entre souvent dans une longue phase dépressive. Ce n'est cependant pas le cas du médecin au bistouri malheureux, qui, en toutes circonstances, garde le sourire et réponse à tout : « Mon cher confrère, je vous envie, vous avez la chance de guérir vos malades. Moi, hélas, je suis victime de ma renommée : je ne reçois que les cas désespérés... »

Écoutons celui-ci :

« Chère madame Argan, je vous présente mes sincères condoléances. J'ai au moins la satisfaction d'avoir décelé le cancer de la prostate de votre mari dès le début. Sans cette prise de sang, pourtant très simple, comment pouvions-nous le soupçonner ? Il urinait à merveille, faisait un peu de sport... L'examen du PSA (Prostate Specific Antigen) est un immense progrès. Vous verrez : d'ici deux ans, grâce à ce dosage, nous passerons du dépistage de 40 000 cancers de la prostate à 100 000. Il y a quatre ans à peine, nous nous maintenions péniblement à 10 000 cas. "Monsieur Argan, avais-je dit à votre mari, votre taux de PSA a très légèrement augmenté. Certains de mes confrères, et néanmoins amis, vous conseilleront de ne rien faire. Quant à moi, je vous le dis : une telle opportunité ne se présentera pas deux fois, il faut surprendre l'ennemi. – Je suis votre homme !" m'avait-il répondu.

– Il vous admirait, professeur...

– Je lui ai introduit dans le fondement un tube à ultra-sons, un vrai bijou informatique. En lui perforant le rectum avec des petits trépans d'un tout nouvel alliage, j'ai progressé jusqu'à sa prostate, et j'ai effectué plein de prélèvements. Souvenez-vous, madame Argan, de ma surprise, lorsque le pathologiste nous a renvoyé les tests : tous négatifs. Pas la moindre cellule cancéreuse. Un autre aurait passé la main, mais Norbert Charolais n'abandonne jamais ! J'ai suggéré à votre mari de repartir en campagne. "Allez-y, toubib !" m'a-t-il répondu.

« Après ces nouvelles analyses, le pathologiste était cette fois plus nuancé : "Vous regardez les tests et vous dites : 'Bizarre, bizarre'... – Moi, j'ai dit 'Bizarre, bizarre' ? Comme c'est étrange. Pourquoi aurais-je dit 'Bizarre, bizarre' ? – Je vous assure, cher confrère, que vous avez dit 'Bizarre, bizarre'. – Moi j'ai dit 'bizarre' ? Comme c'est bizarre..."

« Il ne m'en fallait pas davantage pour lancer l'offensive : j'ai sabré la prostate, et enchaîné avec deux mois de bombardement radioactif. "Mon cher Argan, malgré la distance, je vous envoie à Épinal, lui dis-je. Là-bas au moins, on ne lésine pas sur le traitement." On guérit le cancer de la prostate dans 80 % des cas. Hélas... nous sommes tombés dans la mauvaise fourchette, c'était un cancer particulièrement virulent. Madame Argan, votre mari est mort en héros. »

J'ai assisté aux staffs hebdomadaires d'un service de gynécologie obstétrique, à deux pas de mon cabinet. Viralot, le chef de service, était fort courtois. Il parlait à mots comptés, sans jamais élever le ton, et semblait très apprécié de ses collaborateurs. Je ne tardai pas à remarquer que, lorsqu'il abordait le dossier d'une de ses opérées, son récit s'achevait toujours sur des complications : ligatures intempestives, hémorragies, abcès, hématomes... Ses confrères ne semblaient pas s'en étonner : ils étaient sans doute de la même trempe.

L'ordre du jour du dernier staff de juillet était l'organisation du service pendant les vacances d'août. L'assistant devait remplacer le patron pendant son congé. Or, l'une de ses patientes lui posait problème.

« Vous sortirez dans trois jours, madame Taupin, lui avait-il garanti avant de lui retirer l'utérus. Vous allez vous sentir plus légère. »

Mais un suintement de la plaie et des douleurs dans le bas-ventre consécutifs à l'intervention l'obligèrent à y revenir ; il dut reporter son départ. À l'écouter, cette retouche de dernière minute n'avait pas donné le résultat escompté :

« J'ai d'abord cru que c'était une veine... mais vu l'ampleur de l'hémorragie, j'ai dû sectionner une artère. Pas facile de s'y retrouver sous un abcès. »

L'assistance hocha du menton d'un air entendu.

« D'après vous, Beaupied, le rein est dilaté à l'échographie ? Son urine est bloquée. J'ai suturé l'uretère et l'artère. Il y avait de quoi se perdre, dans tous ces caillots. Pas de doute, il faut y retourner. Beaupied, ne le prenez pas mal, ce n'est pas que je mette en doute vos capacités, mais je vais encore différer mes vacances : les Taupin n'ont confiance qu'en moi. »

Les tueurs

Dès qu'elle en a l'occasion, l'administration catapulte des chirurgiens maladroits vers des cimes du haut desquelles ils ne peuvent plus tuer personne. Ils sont nommés professeurs d'anatomie, où ils excellent : de mauvais pianistes peuvent s'avérer de sublimes clavecinistes. Quand il n'y a pas de poste disponible, elle leur confie des missions prestigieuses : excès de vitesse, amiante, éthique médicale, personnalité du fœtus, ravages du tabac, euthanasie, faim dans le monde, déficit de la Sécurité sociale, vétusté des hôpitaux... Ne négligeons pas le rôle de l'Organisation mondiale de la santé, qui permet, pour davantage de sûreté, de les expatrier, essentiellement dans des régions où l'on meurt beaucoup.

Jean-Marie, patron d'imagerie, m'invita un jour à découvrir son nouvel appareil d'IRM, qu'il considérait comme un véritable engin de course. Pour arriver à son bureau, il me fallut contourner des piles de cartons pleins à craquer de livres montrant sous tous les angles muscles et veines multicolores.

« Que se passe-t-il, Jean-Marie, tu déménages ?
– Non, c'est un nouvel agrégé qui va me seconder pour l'IRM.
– C'est un spécialiste en neuroradiologie ?
– Non, c'est un chirurgien, un grand anatomiste.
– Ça doit lui manquer de ne plus opérer... »

En deuxième année de médecine, les dissections nous obligeaient à fouiller des chairs dont la couleur et l'aspect filandreux me rappelaient le pot-au-feu. De brillants chefs de cliniques chirurgicales dessinaient sur d'immenses tableaux noirs des écorchés au réalisme saisissant, parcourus de vaisseaux dont ils connaissaient la moindre variation d'un individu à l'autre. Des années plus tard, je croisai certains de ces anciens champions de l'anatomie : on ne comptait plus leurs patients estropiés.

Je fus moi-même victime d'un grand anatomiste. En septième année d'études, tout carabin devait se soumettre à une formalité : la colle des agrégés, une vieille tradition qui n'avait plus vraiment lieu d'être. Par malchance, je suis tombé sur le titulaire de la chaire, le professeur Delmas, agrégé d'anatomie, d'obstétrique et de je ne sais quelle autre spécialité. Il m'accueillit dans un local exigu. Les étagères étaient garnies de bocaux de formol, où flottaient des lambeaux de chair humaine.

« C'est quoi, ça ? me demanda-t-il, pointant son doigt boudiné sur un ruban blanchâtre dépassant d'un thorax.

– L'œsophage.

– Et ça ?

– Le pancréas. »

Un morceau de pied le fit hésiter ; il négligea un vase de tripes avant de s'arrêter devant un gros aquarium. Les algues que j'y voyais onduler n'étaient autres de longs cheveux appartenant à une tête tranchée. Ces corps, dit-on, avaient été ceux de suppliciés. Si celui-là avait été raccourci par une guillotine, il n'y aurait plus eu de cou. Et cela aurait bien arrangé mes affaires, car le professeur choisit cette région, désignant une forme gélatineuse comme un tendon de pied de veau. Il se délectait de mes hésitations, au point de virer du rougeaud à l'écarlate Le couperet tomba : recalé par la trompe d'Eustache.

« Tu t'es fait avoir par Mata Hari, s'esclaffèrent les reçus. Tu ne savais pas que c'était sa tête ? »

Au rattrapage, je rencontrai le professeur Cabrol, avant qu'il ne commence à greffer des cœurs. On me l'avait décrit comme une brute : il m'accorda une note honorable. Les méchants ne sont pas toujours ceux qu'on croit.

La clinique du docteur Mabuse

> *La témérité des charlatans, et leurs tristes succès,*
> *qui en sont les suites, font valoir la médecine et les médecins,*
> *si ceux-ci laissent mourir, les autres tuent.*
>
> La Bruyère, *Caractères*

Contrairement aux centres hospitalo-universitaires, les établissements privés ne disposent d'aucune voie de garage pour les estropieurs. S'en débarrasser implique d'interminables procédures. Il faut subir les sermons réprobateurs du conseil de l'ordre, particulièrement indulgent avec les incapables. Malheur au médecin qui oserait témoigner contre ce type de danger public : il serait blâmé, voire interdit d'exercice pour comportement anticonfraternel. Quant à recueillir les plaintes de patients malmenés, c'est un vrai parcours du combattant. La plupart des poursuites touchent des opérateurs irréprochables. Non, les victimes d'un truand auraient plutôt tendance à lancer un comité de soutien à la gloire de leur cher docteur. De récentes affaires, très médiatisées, montrent qu'il a fallu attendre des années avant qu'un massacré ose se rebiffer et venir à la barre. Ainsi, la clinique d'une petite ville de province a mis cinq bonnes années à se défaire d'un sombre cas, que j'appellerai Mabuse.

Quand j'ai vu Mabuse pour la première fois, je l'ai pris pour un peintre en bâtiment. Il ne changeait jamais de tenue d'une intervention à l'autre. Rond, imposant, il était constamment flanqué d'une brunette maigrichonne : son épouse, mais aussi son aide opératoire, sa secrétaire, sa femme de ménage... Le couple ne songeait qu'au rapport dépenses-recettes. Il fallait absolument travailler au moindre coût.

Dès l'aube, ils passaient le porche de la clinique, s'annonçant par les grincements d'une vieille DS19 toute rouillée, dont le capot était déformé par la traction de tendeurs reliés à deux ailes cabossées. L'hiver, les inséparables semblaient tout droit échappés de la banquise, camouflés sous des peaux de loups élimées, qu'ils appelaient « manteaux de fourrure » : ils leur auraient été offerts par un patient éperdu de reconnaissance.

Dès notre première rencontre, Mabuse m'invita à un rendez-vous de travail dans son bureau : « Je travaille avec économie ; je lutte contre le gaspillage, m'expliqua-t-il à voix basse, comme s'il s'agissait d'un secret d'État. Pour les ordonnances, j'utilise des chutes de papier récupérées par mon épouse dans les corbeilles de la comptabilité. Elle les frappe du tampon fourni par la Sécurité sociale et le tour est joué : c'est bien suffisant. »

Raffolant des auberges de province, de leurs vol-au-vent et autres rognons au madère, j'avais pris l'habitude de déjeuner dans les environs. Averti de ces folies, il voulut me contraindre à davantage de rigueur : « Tu dépenses inconsidérément ! Déjeune donc avec moi dans mon bureau. Ma femme me rapporte les plateaux-repas refusés par certains malades... Oh, ne sois pas gêné pour eux, ils ne sont pas privés. Les occlusions intestinales n'ont jamais faim. »

Cette sollicitude cachait forcément quelque chose ; nous en arrivâmes aux choses sérieuses :

« Ce matin, combien de lavements barytés et d'échographies de vésicules as-tu faits pour moi ?

– Quatre. Tout était normal.

– Tu es bien conscient que lorsque je prescris ces examens, j'augmente le chiffre d'affaires du service radio et, par là même, ton pourcentage de remplaçant ? En retour, tu pourrais orienter légèrement tes comptes rendus, afin de justifier une opération. Ce n'est pas si compliqué de trouver un côlon un peu tordu... »

Mon refus fit de moi son ennemi juré. Mais je n'étais pas le seul dans son collimateur : il y avait aussi le chirurgien orthopédiste. Mabuse, lui, ne s'occupait que des organes « mous ». Son attitude finit par nuire à sa réputation : il perdit de la clientèle. Ses recettes baissaient au même rythme que ses dépenses. L'orthopédiste, au contraire, avait le vent en poupe.

Les époux Mabuse décidèrent alors de lui souffler bras cassés, entorses et autres accidents de tondeuse à gazon.

Le dimanche, cachés derrière un bosquet comme deux hyènes à l'affût, ils guettaient la porte des urgences. À la moindre claudication, à la plus petite goutte de sang, ils surgissaient comme par hasard : « Que vous arrive-t-il ? C'est une chance que nous passions par là ! »

Le lendemain, l'orthopédiste, en rage, apprenait que deux plâtres, une attelle et trois plaies à recoudre lui étaient passés sous le nez. À ces occasions, les Mabuse bricolaient sans assistance dans une pièce prévue pour les petits bobos, appelée « salle septique ». Un lundi, en vidant la poubelle, la femme de ménage y trouva un doigt – un annulaire desséché, présentant des traces d'anciennes sutures. Aucun doute : il s'agissait d'une urgence dominicale qui avait mal tourné. Triomphante, la direction tenait enfin la faute lourde. On contacta les patients du dimanche. Après l'élimination de quelques fractures de poignet, ce fut le tour d'une dame bon chic bon genre. Oui, elle avait bien eu affaire au docteur Mabuse, « un homme extraordinaire, si clair, si précis... » La dame avait ôté son chapeau, mais se refusa à quitter ses gants : « Jamais, m'entendez-vous, je ne prendrai part à la campagne de dénigrement que subit ce grand chirurgien ! »

Ces histoires étaient néanmoins parvenues aux oreilles des médecins de la région, qui se mirent désormais à envoyer leurs patients à l'hôpital.

Mabuse se paya sur la bête, inventant mille et un suppléments pour majorer ses honoraires, à la manière d'un garagiste qui démonte intégralement le moteur pour remplacer la batterie. Une ablation de la vésicule biliaire entraînait une biopsie du foie, et un ulcère, l'ablation de l'estomac. Et, comme c'est encore souvent le cas, les utérus valsaient avec les tiers provisionnels.

Arriva un jour un adolescent qui présentait de vagues symptômes d'appendicite. Il fut vite englouti par les portes battantes du bloc opératoire. Masqués, les Mabuse agitaient leurs mains gantées comme deux marionnettistes. Madame fixa soudain le pied gauche de la proie endormie :

« Jean, tu ne vois rien ? »

Leurs deux têtes se penchèrent sur le cinquième orteil :

« Il est soudé au quatrième, s'écria-t-il. Badigeonne-les-moi de teinture d'iode. Scalpel : on va séparer les petits chéris. . Épongez, épongez. . On entame l'appendicectomie. »

« Il va bientôt sortir, tout va bien... » chantonna une infirmière aux parents pétris d'angoisse. Les deux battants s'ouvrirent sur un chariot portant leur fils encore assoupi.

« Mais... Qu'est-ce que c'est que ce pansement sur son pied gauche ? On l'a amputé ? !

– Pas d'inquiétude, madame : le docteur Mabuse a profité de l'anesthésie pour réparer une erreur de la nature.

– Nous n'avions rien demandé ! » protesta le père.

Bien que le lycéen ait dû renoncer à l'épreuve sportive du bac, la clinique ne reçut aucune plainte.

Mine de rien, j'interrogeai les patients de Mabuse. En pratiquant une échographie des voies biliaires à une femme opérée par ses soins deux mois auparavant, je fus interloqué à la vue d'une immense cicatrice qui lui barrait le travers de l'abdomen, comme si on l'avait sabrée sur un champ de bataille du XVe siècle. Les chairs se rétractant, la dame était à moitié voûtée.

« Je n'ai jamais vu une cicatrice pareille, lui dis-je sans prendre de gants.

– Je ne m'attendais pas à ça non plus... Je me suis plainte auprès du docteur Mabuse : vous savez ce qu'il m'a répondu ? "Comme vous êtes maraîchère, je vous ai ouverte dans ce sens-là exprès : vous aurez plus de facilité à ramasser vos cageots de radis." »

À propos de légumes, Mabuse ne supportait pas la vue des poireaux, ces excroissances de chair velues poussant sur les joues, le nez ou le menton. Il éprouvait un irrépressible besoin de les sectionner. Un après-midi, une dame lui demanda le numéro de la chambre de sa sœur. L'échange qui s'ensuivit fut, à peu de choses près, celui de *Rabbi Jacob*, quand Louis de Funès tente d'attirer l'attention d'un gendarme pour échapper à son ravisseur.

« C'est la chambre 26. Mais... qu'est-ce que vous avez là ? Un poireau ? Ooooh ! Faites voir ? Approchez... Oh, que c'est laid ! Et ça vous fait pas mal ?

– Non.

– Ah... Et si je fais ça ? *(Il tire sur les poils.)*

– Aïe !

– Ah oui, là, ça doit faire mal ! »

Mabuse l'emmena par la main dans le local des infirmières. Comme hypnotisée, elle le suivit. Il se saisit d'un scalpel ; la dame n'eut pas le temps de dire ouf, que la lame était déjà sur sa joue. Un petit jet de sang, et ce fut tout.

« Mon Dieu, que t'est-il arrivé ? » hurla sa sœur en la voyant entrer, joue pansée, chambre 26

CONFIDENCE POUR CONFIDENCE

> *Ce n'est pas parce que nous sommes grands amis,*
> *que j'en parle ; mais il y a plaisir, il y a plaisir*
> *d'être son malade ; et j'aimerais mieux mourir de*
> *ses remèdes, que de guérir de ceux d'un autre.*
>
> Molière, *Monsieur de Pourceaugnac*

Conversation de pharmacie :
« Ma mère vient d'être opérée d'une occlusion intestinale.
– Ça s'est bien passé ?
– Très mal : elle n'est sortie qu'au bout de six jours, au lieu de quatre comme prévu. Ses selles se sont fait drôlement attendre, la faute à Dubois, son chirurgien. Un vrai goujat ! Le soutien moral, ça compte, vous savez.
– Ça alors ! Ma mère a aussi été opérée d'une occlusion. Mais c'était par le docteur Bouillotte, vous connaissez ? J'aurais dû vous le conseiller, c'est un amour, très humain.. et beau garçon, ce qui ne gâte rien. Vous ne l'avez pas vu

à la télé ? Il a quitté sa femme pour Agathe Berlicot, l'actrice.

– Elle n'était pas avec un grand spécialiste du sida ?

– Vous confondez avec Laure Tricard. Agathe vivait avec un médecin spécialiste des sans-papiers.

– Ah ? Je ne savais pas que ça existait.

– C'est nouveau.

– Vous vous rendez compte, ce crétin de Dubois a eu le culot de me dire de m'estimer heureuse que ma mère s'en tire aussi bien, sa hernie était étranglée ! Je suis certaine que la vôtre est sortie au bout de trois jours, comme tout le monde.

– Hélas... elle a succombé au choc postopératoire.

– Oh, je suis désolée.

– Le docteur Bouillotte était effondré, il m'a fait de la peine. Il a été vraiment formidable. Il a suivi maman jusqu'à la morgue. Il lui a même fermé les yeux.

– Un peu d'humanité, c'est important, dans ces moments-là. Heureusement que vous n'avez pas eu affaire à Dubois. C'est bien simple, il ne m'a même pas raccompagnée à la porte. »

Conversation de boucherie :
« Pour moi, ce sera une entrecôte, enlevez bien le gras : j'ai des triglycérides.

– Et moi, une tranche de jambon très fine. C'est pour mon mari, il n'a plus d'appétit, que des aigreurs d'estomac...

Confidence pour confidence

Mon mari, lui, c'est carrément des brûlures ! Il est sous anti-inflammatoires.

– Mettez-moi une tranche de foie de veau bien épaisse. C'est riche en fer, il paraît que j'en manque, je suis anémiée, je saigne beaucoup. Enlevez bien tous les nerfs, s'il vous plaît. Je le déglace au vinaigre.

– Prenez-le donc à la framboise, c'est meilleur. Vos hémorragies, c'est toujours votre fibrome ?

– Oui, je sais que je ne vais pas y couper : ça fait des caillots, maintenant.

– Si on vous enlève l'utérus, faites attention à vos varices, vous risquez une embolie. Oh, ce qu'elles me font envie, vos tripes… Tant pis pour mon acide urique, mettez-m'en cinq cents grammes. »

Oraisons funèbres

Un médecin, c'est quelqu'un qui verse des drogues qu'il connaît peu dans un corps qu'il connaît moins.

Voltaire, *Épigrammes*

J'ai heureusement rencontré des cancérologues, réanimateurs et spécialistes en soins palliatifs plus raisonnés : l'euthanasie ne trouve grâce à leurs yeux que dans un cas relativement rare : l'individu paralysé des pieds à la tête, désireux mais incapable de mettre lui-même fin à ses jours. En l'occurrence, il s'agit plutôt d'un suicide assisté : le malade, parfaitement conscient, ne fait que guider un bras, après mûre réflexion. Tous ces médecins qui côtoient de près la souffrance partagent la même aversion pour l'exécution capitale libératrice.

« Tuer pour soulager est totalement dépassé, me confiait un spécialiste en soins palliatifs. Ce n'est plus nécessaire, et tant mieux. Les derniers cas auxquels j'ai assisté datent d'une trentaine d'années. J'étais jeune externe à l'hôpital

Saint-Louis. Les leucémies étaient toujours incurables, et on ne maniait pas encore très bien les dérivés de la morphine. Des gens, souvent jeunes, mouraient dans des conditions insoutenables : leur sang liquéfié s'échappait subitement à flots par le nez, la bouche, et tous les pores de la peau. Croyez-moi, il ne doit pas faire bon partir de cette manière. Pour écourter de quelques minutes ce supplice, on leur faisait à la hâte une injection létale de chlorure de potassium. »

J'avais été moi aussi externe à Saint-Louis, mais en radiologie. J'avais un peu fréquenté la morgue de l'hôpital, mais jamais je n'avais entendu de tels récits.

« Ce devait être abominable, lui répondis-je. Je sais que le potassium est encore utilisé aux États-Unis pour certains condamnés à mort. Il entraîne des contractures musculaires et des douleurs épouvantables, alors on perfuse d'abord un anesthésique, puis une substance paralysante, du type curare. Malgré les sangles de contention, la scène tourne souvent au cauchemar. La Floride vient d'ailleurs de stopper son programme d'exécutions, certaines d'entre elles s'étaient très mal passées.

– Mon cher de Funès, je ne vous le fais pas dire : ces injections provoquent deux minutes d'horreur absolue.

– C'est curieux, tout de même : ceux qui désirent par-dessus tout ériger un échafaud dans la cour de chaque hôpital sont les mêmes qui militent contre la peine de mort. On les a vus récemment brandir des pancartes pour soutenir une doctoresse et son infirmière, deux crétines envoyées aux assises après avoir expédié *ad patres* une cancéreuse en fin de parcours. Au journal de vingt heures, le fils de la victime remerciait les deux meurtrières entre deux sanglots. Je ne suis que radiologue, et n'ai aucune compétence en soins palliatifs. Mais pourquoi ne pas anesthésier les malades qui en sont rendus à de telles extrémités ?

– Bien sûr. Encore faut-il avoir été formé à la technique de la sédation, qui consiste à plonger le patient dans un état d'inconscience contrôlée, par des injections successives moins lourdes que pour une anesthésie préopératoire. Il n'est ni intubé, ni soumis à une assistance respiratoire. Cela n'a rien à voir avec l'euthanasie, car nous continuons le traitement pendant son sommeil, et si son état s'améliore, nous le réveillons. Et croyez-moi, cela arrive souvent. Rendez-vous compte : plus de 2 000 médecins et infirmières ont signé un manifeste en faveur de la dépénalisation de l'euthanasie. Ils feraient mieux d'aller s'inscrire à des cours sur la sédation. »

« L'accompagnement du mourant » est l'une des dernieres trouvailles des médecins pour humains. C'est un tel succès que le gouvernement, soucieux de plaire à son peuple, envisage un vaste plan. Le pensionnaire est heureux de dispenser ses proches d'assister à une interminable agonie – surtout depuis que les congés se sont multipliés. Qu'ils soient à la neige ou au soleil, enfants, petits-enfants, beaux-frères et belles-sœurs peuvent réfléchir en toute quiétude au deuil qui va les toucher. Une assistance téléphonique les renseigne jour et nuit sur l'état de l'être aimé : « Bonjour, monsieur Bosquier. Je me présente, Geneviève Michonnet, responsable des Derniers

Instants. Puis-je connaître votre numéro d'abonné ? Très bien, restez en ligne, j'interroge le service technique (...) Monsieur Bosquier ? Je vous remercie pour votre patience : votre maman a perdu connaissance ce matin à huit heures zéro sept. Mais son pouls est resté régulier, ne vous inquiétez pas, nous avons la situation bien en main. Nous vous préviendrons par SMS avant l'issue fatale. Monsieur Bosquier, avez-vous pris connaissance de notre promotion obsèques ? Pour toute commande d'un cercueil en chêne massif avant le 15 février, nous vous offrons dix séances d'assistance psychologique. »

Le calme de ces endroits de repos rappelle celui des monastères : les pensionnaires ne déambulent pas dans les couloirs. Ce recueillement est propice aux vocations littéraires : infirmières, psychologues ou docteurs se découvrent une plume. Entre gare de Lyon et Charles-de-Gaulle-Étoile, un passager du RER peut découvrir en quelques pages la culpabilité du soignant face à la mort, ses insomnies, ses larmes versées en secret, son amour pour sa famille...

Dans leurs odes aux défunts, ces néo-écrivains n'en sont pas encore, comme Bossuet, à faire passer le verbe mourir de l'imperfectif au perfectif – « Madame se meurt, Madame est morte. » Mais que de belles formules, comme celle-ci, que nous devons au docteur Michel Roussel, dans son *Journal d'un malade en soins palliatifs* : « Partir vers un ailleurs de Lumière en ayant fait œuvre de paix en lui et autour de lui, réconcilié avec lui-même et avec les siens. »

Le prix d'un séjour à l'hôpital

Grâce au système des mutuelles, rares sont ceux qui déboursent un sou après un séjour hospitalier. En conséquence, on finit par ne plus savoir ce qui est dû, qui a remboursé quoi, et ce qui se passe au cas où l'on refuse de payer. Les gouvernements de droite, terrorisés par le gouffre des dépenses de Sécurité sociale, diminuent le remboursement de soins et de médicaments souvent inutiles. Ceux de gauche, trop contents de ne pas avoir eu à le faire, ne les rétablissent jamais, mais investissent les économies réalisées dans des hôpitaux secondaires non moins superflus. Je vais tenter d'expliquer la tarification d'un séjour à l'hôpital. Qu'on me pardonne d'éventuelles inexactitudes, tant il est difficile pour tous de s'y retrouver.

Sa petite valise à la main, Corinne Fournier se sent toute légère, heureuse d'être enfin débarrassée de ce maudit fibrome. Son euphorie est de courte durée : au bureau des sorties, on lui demande 150 euros.

« À l'hôpital Anatole-Deibler, pour la même opération, ma voisine n'a pas déboursé un centime ! proteste-t-elle.

– Oui, mais là-bas, ils se font régler directement par la mutuelle les dix jours de forfait journalier.

– Et ici, à Jules-Henri-Desfourneaux, c'est différent ? C'est injuste !

– Vous avez raison, madame Fournier. Chez Anatole-Deibler, ce sont des vendus au grand capital. Ils ont supprimé un poste à la comptabilité et ils n'encaissent plus ni chèques, ni liquide, encore moins les cartes bleues. Je suis la déléguée CGT, nous manifestons dimanche place de la République contre ces procédés : venez ! »

L'assuré social qui séjourne dans un centre hospitalier est redevable du ticket modérateur d'un montant de 20 % du prix de journée. Ce prix varie selon les établissements et les services. À titre d'exemple, le service de cardiologie de Versailles facture 1 051 euros par jour ; le ticket modérateur avoisinera donc 200 euros.

Dans une clinique, le ticket modérateur n'est pas calculé sur le prix de journée, mais sur l'acte de l'intervenant principal - en général, le chirurgien. Comme l'acte ne se répète pas chaque jour, il sera donc très inférieur. Généreuse, l'assurance maladie le prend à sa charge dans de nombreuses circonstances que je ne vais pas toutes énumérer (maladie à 100 %, dépassement de trente et un jours d'hospitalisation…), mais surtout lorsque le montant de l'intervention ou de l'acte pour lesquels on est admis dépasse le seuil de 91 euros. Un cas unique : bénéficiant d'un régime

Le prix d'un séjour à l'hôpital

local qui leur permet de conserver les avantages de la protection sociale allemande de 1883 à 1918, les Alsaciens sont exonérés dès leur première journée à l'hôpital, quel que soit le montant de l'intervention. Exonéré ou pas, il faudra sortir 15 euros de sa poche : c'est le forfait journalier de participation aux frais d'hospitalisation.

Au tarif conventionné, ce ne sera pas le Ritz. Pour ses premiers pas après l'opération, le patient, tel un patineur débutant, risque un triple axel sur un linoléum humidifié par la serpillière d'une préposée boudeuse. Il dîne à l'heure où les gens bien portants prennent le thé. Les lépreux s'annonçaient jadis au son d'une crécelle ; aujourd'hui, c'est le cliquetis des louches qui précède l'arrivée des inévitables boulettes brunâtres du dîner. Elles ont tout de croquettes déshydratées pour chiens, regonflées dans un concentré liquide, puis épongées dans une purée grumeleuse de petits pois stérilisés. Ne pas oublier le yaourt aromatisé à la banane et la compote de pommes. Tout hospitalisé, enfant, adulte ou vieillard, est considéré comme édenté : il ne doit avaler que du mou. Sur la table de chevet, un verre est prévu pour les prothèses dentaires dès la soixantaine. Le « madame » est remplacé par « mamy ». Privilégié, le sexe fort garde le « monsieur », « papy » ou « pépé » étant tombés en désuétude. Au pire, il deviendra « l'appendicite de la 22 » ou « l'occlusion de la 17 ».

Les plateaux sont ramassés avec la célérité d'une hôtesse de l'air avant des turbulences. On borde les malades par un soleil éclatant. L'équipe de nuit prend le relais. Il était temps : les collègues ont mille choses à se raconter depuis la veille : « Ce matin, Allison a rendu sa bouillie sur sa mémé ! », « Steve et Kevin se sont encore battus »..

L'imprévoyance d'une cigale peut entraîner des suites désastreuses sur son portefeuille, comme dans l'histoire qui suit.

Depuis que son avion a décollé de Tunis, Jacques ne quitte pas des yeux le voyant « ceinture attachée ». Le poisson aux relents de vase que ses clients lui ont collé à chaque repas ressuscite dans ses entrailles. Les voyages d'affaires frisent parfois l'héroïsme : ces festins lui ont permis de décrocher deux contrats – avec en bonus, un aquarium à la place de l'estomac. À l'aéroport de Marseille, sa femme Sylvie l'emmène illico à l'hôpital de Saint-Ricard.

« Je préfère le garder, annonce l'interne des urgences. Une minute, je regarde ce que nous avons de libre. »

Il tapote sur un clavier, mais l'écran ne réagit pas.

« Allô, Nadège ? C'est Greg, je suis bloqué sur l'ordi... Le mot de passe, c'est bien zidane ? Ah, il a changé ? C'est zizou ? OK. Bon, ça y est, Utérus 2006 s'ouvre, c'est pas trop tôt. Moi, je suis plutôt Mac, pas toi ? T'es PC ?! Ah, Nadège, il faut que tu viennes boire un verre chez moi, je vais te convertir ! Mardi soir ?

– Monsieur, s'il vous plaît, que fait-on pour mon mari, il se tord de douleur ? s'inquiète Sylvie.

– Restez cool, madame : le logiciel finit de s'ouvrir.

– Mais c'est quand même une urgence, il souffre...

– Ah, ne m'agressez pas, madame. Bon, Nadège, j'ai du monde, bisous-bisous, et tu me diras pour mardi.

Le prix d'un séjour à l'hôpital

Alors... en gastro-entérologie, c'est complet, en médecine interne aussi... On ne va pas le mettre à la maternité, quand même !... Attendez, on a fourni un cœur ce matin pour une greffe à Lyon · le lit est libre. Votre mari va passer un week-end sympa au service de réanimation. Il sera au calme : les comateux ne sont pas bruyants. »

Vingt-quatre heures plus tard, Jacques reçoit la visite d'un nouvel interne :

« Vous pouvez sortir, ce n'était qu'une vilaine djerbienne.

– C'est-à-dire ?

– Vous étiez bien en Tunisie ?

– Oui, mais pas à Djerba.

– Que ce soit en Algérie, au Maroc, en Tunisie ou en Amérique du Sud, les diarrhées sont appelées djerbiennes, ou touristas. Il ne vous reste plus que les formalités de sortie. »

Peu après :

« Montant dû 3 230 euros ? Vous devez vous tromper ! s'étonne Sylvie.

– Madame, Utérus 2006 est formel.

– Mais enfin, pour l'appendicite de mon fils, j'ai payé 60 euros !

– Le coût d'une appendicectomie dépasse 91 euros : vous étiez donc exonérée du ticket modérateur, et vous n'avez dû régler que quatre jours de forfait journalier. Cette fois, il n'y a eu pas d'intervention, vous devez régler le ticket modérateur, qui est de 20 % du prix de journée.

– 3 230 euros pour deux jours, c'est exorbitant !

– Il est vrai que la plupart des malades qui, comme vous, n'ont pas de mutuelle, règlent autour de 80 euros pour la même durée. Attendez, je vais consulter Utérus 2006. Je vois : le prix de journée, en réanimation, est de 8 000 euros. Sachez qu'au-delà de trente et un jours d'hospitalisation, les malades sont exemptés à la fois du ticket modérateur et du forfait journalier. »

La médecine à deux vitesses

> *La médecine, c'est ingrat. Quand on se fait honorer par les riches, on a l'air d'un larbin ; par les pauvres, on a tout du voleur.*
>
> Louis-Ferdinand Céline,
> *Voyage au bout de la nuit*

Le nombre de riches qui meurent chaque semaine est effarant. La rubrique nécrologique de la presse *people* en donne la preuve éclatante. L'hécatombe est telle qu'on finit par se demander s'ils ne sont pas victimes d'un virus niché dans le caviar. C'est bien connu, le riche est de complexion délicate. Dès son plus jeune âge, anorexie, troubles psychologiques et dos fragile limitent sa mobilité. Quoi de plus triste que ces dames de qualité aux jambes fluettes qui peuvent à peine atteindre leur salon de coiffure, alors que leurs bonnes sillonnent d'un bon pas boutiques et supermarchés ? Les couturiers en sont à proposer des modèles pour filiformes. Il faudrait appeler les Restos du cœur et leurs soupes roboratives à la rescousse des nantis : légumes anciens, pétales de capucines ou fleurs de chou entraînent de graves carences alimentaires. Ils ne suffisent cependant pas à expliquer une telle inégalité devant la mort. Le concierge d'un grand palace parisien ne cache pas son inquiétude : la panique gagne sa clientèle française. Au moindre pet de travers, elle fait appeler une ambulance de luxe et disparaît dans une clinique quatre étoiles. « Pourtant, nous n'envoyons à leur chevet que des membres du conseil de l'ordre, s'indigne-t-il. Et décorés, de préférence. Les généralistes du quartier sont réservés au personnel. »

Les maladies bénignes des riches tournent au désastre. Nos politiques n'échappent pas à la règle. La combinaison malheureuse de ses responsabilités de ministre de l'Intérieur et de ses calculs biliaires faillit valoir à Jean-Pierre Chevènement des obsèques nationales. Pourtant, l'hôpital du Val-de-Grâce, fleuron de l'armée française, jouit d'une réputation irréprochable et l'on avait pris l'affaire au sérieux : « Mon cher ministre, cher ami, je me suis déplacé spécialement pour vous endormir. Donnez-moi votre bras, pensez à quelque chose d'agréable. À tout à l'heure... »

Bilan : quinze jours de coma.

Certains décès surviennent de manière inopinée. Rappelez-vous Yasser Arafat, accueilli à battants ouverts dans un autre fameux bastion de nos armées : l'hôpital de Clamart. « Le président Arafat est très heureux d'être à Paris. C'est une grande joie pour lui ! » chantait au

La médecine à deux vitesses

micro des journalistes la représentante de l'Autorité palestinienne.

Quand on est à San Francisco, en Californie du Nord, il suffit de traverser le Golden Gate Bridge pour rejoindre la jolie bourgade de Marin County. Deux cent mille privilégiés y vivent dans de somptueuses demeures cernées de séquoias millénaires. Le niveau de vie est ici deux fois plus élevé que dans le reste des États-Unis. Le nombre de cancers du sein aussi.

Si bien que les autorités sanitaires se sont mises à la recherche d'une potentielle substance toxique – en pure perte. Les scientifiques remarquèrent alors que la domesticité des habitants de Marin County, essentiellement immigrée, échappait à la malédiction. Pour la simple et bonne raison qu'elle n'avait pas les moyens de s'offrir des scanners et des IRM de mammographie. Triste sort que celui de ces bonnes, narguées à longueur de journée par une opulence qu'elles ne pourront jamais se payer... Carmella envie sa patronne affalée sur un sofa de soie fleurie. Elle aussi, elle aimerait se faire tirer la peau du visage pour avoir l'air d'une momie égyptienne. Mais jamais elle ne saurait atteindre un tel degré de chic. Quant au luxe du cancer du sein, inutile d'y songer, au prix où sont les mammographies. Son amie Felicia prétend qu'en France, cet examen est offert. En cas d'absence de résultat, ils perforeraient le sein gratuitement, avec un nouveau système : le Mammotome. Il paraîtrait même que, si l'on accepte de se faire retirer un sein, une star de la photo vous fait poser dans son studio.

Les Français ne sont jamais contents. Les femmes de ménage américaines rêvent du dépistage à la française et les nôtres n'en veulent pas : un comble. Il est vrai que de l'aveu même de Roselyne Bachelot, le dépistage gratuit séduit essentiellement les classes aisées. Méfiants, sans doute, les plus modestes y rechignent un peu. Une compagnie d'assurances a lancé un contrat santé de luxe réservé aux comptes en banque bien fournis. On ne peut que se féliciter de cette initiative : l'heureux souscripteur ne sera examiné et opéré que par des stars de la médecine ; il séjournera dans des cliniques spécifiquement équipées pour le cas qui l'occupe. Car le riche est aussi vulnérable qu'un vieillard. Un dépaysement trop brusque pourrait lui être fatal. On pourra tapisser la salle des urgences de sérigraphies d'Andy Warhol ; la sonorisation mêlera le clapotis si familier d'un bord de piscine privée au vrombissement lointain d'une Porsche et au rebond d'une balle de tennis sur un court forestier.

S'occuper des classes dites supérieures n'est pas à la portée du premier médecin venu. La pensée du riche ne fait pas appel aux mêmes circuits cérébraux que celle du pauvre, les études en IRM fonctionnel le prouvent. Prenons un exemple, parmi d'autres ; si le Français riche accepte de bonne grâce de se délester de quelques liasses dans une clinique suisse ou brésilienne, il a horreur de le faire dans son propre pays. Il en est resté aux temps où le régisseur réglait les notes du médecin en fin d'année. Il passe souvent pour un pingre, tout simplement parce qu'il répugne à effleurer un billet de banque. Soigner les riches est une spécialité en soi.

La médecine à deux vitesses

Quand j'ai pris la décision de quitter ma modeste ville de Changeuil pour exercer dans une région plus « chic », j'aurais dû repenser à la fameuse réplique de Don Salluste dans *La Folie des grandeurs* : « Ne vous excusez pas ! Ce sont les pauvres qui s'excusent. Quand on est riche, on est désagréable ! »

Ce constat limpide m'aurait épargné de sérieuses crises d'urticaire, et j'aurais supporté les culs serrés de Saint-Follin sans plus me poser de questions. Ils se contaminaient comme des vampires : les Follinois étaient désagréables ; à leur contact, leurs domestiques le devenaient à leur tour, puis leurs médecins. Plus tard, en remplaçant Charles à son cabinet de radiologie du VIIe arrondissement de Paris, j'ai pu observer que l'humeur et les doléances de ses patientes étaient du même tonneau. L'habileté des secrétaires médicales à gérer la femme de qualité forçait mon admiration. Elles encaissaient les coups avec le flegme d'un boxeur :

« Madame de Montignac, le docteur vous attend.

– Pas trop tôt, je croyais qu'on m'avait oubliée.

– Excusez-nous, madame, nous avions une urgence.

– Une urgence ! Vous n'êtes pas les seuls : je marie ma fille après-demain ! »

(Le riche a une importante activité matrimoniale.)

« Si vous voulez vous donner la peine d'entrer dans cette salle, madame.

– Ouh, qu'il fait froid chez vous ! »

(Le riche est sensible aux variations de température les plus minimes.)

« Ne croyez surtout pas que je vienne de gaieté de cœur, c'est pour faire plaisir à ma gynécologue... Mais je sais bien que les échographies, ça ne sert à rien.
— Déshabillez-vous. je vous retrouve de l'autre côté, quand vous serez prête.
— Faisons vite, je suis claustrophobe.
— Bien, nous y sommes... Maintenant, allongez-vous sur la table d'examen : le docteur arrive.
— Dites, j'espère que ce n'est pas du papier usagé que vous avez mis là-dessus ? Il est un peu fripé dans le coin. Remontez-moi la tête, doucement, j'ai de l'arthrose cervicale. Ça pèle vraiment ici ! »

(Le riche utilise volontiers l'argot de ses gens.)

La Marche turque retentit soudain.

« Passez-moi mon sac, c'est mon téléphone, j'en ai pour une minute. Allô ? Non, mon cœur, je ne peux pas te parler, je passe un examen médical, je sais pas trop ce que c'est... Je te rappelle. Ah, docteur ! Quel plaisir de vous revoir ! Vos vacances se sont bien passées ? »

Peu après

« Mademoiselle, préparez-moi une facture d'honoraires pour ma mutuelle. Ce serait idiot de lui faire un cadeau, étant donné les sommes astronomiques qu'elle me prend.
— Mais certainement, madame. Vous devriez régler avec votre carte Gold : ainsi, vous serez remboursée avant même d'être débitée. »

La médecine à deux vitesses

La riche et la pauvre

Mardi 16 janvier 2007, dix-sept heures douze Josée Farès, soixante ans, presse le pas vers la gare du RER. Son chef du personnel l'a retardée par des remarques désobligeantes : elle n'essorerait pas suffisamment la serpillière avant de la passer . une cliente s'est encore plainte d'une glissade au rayon lingerie.

Alors qu'elle traverse l'avenue Roger-Salengro, un scooter la heurte. Conduite aux urgences de l'hôpital Patrice-Lumumba, elle est opérée d'une fracture du col du fémur. Trois jours plus tard, elle commence à remarcher.

Mardi 16 janvier 2007, dix-sept heures douze. Évelyne Crépin-Jaujard, soixante ans, sort de chez Hermès contrariée : elle n'arrive pas à se décider sur la couleur d'une ceinture en cuir d'émeu pour son imminent voyage au Maroc. Les Saroyan, ses amis de Casablanca, l'attendent au bar du Bristol. Un cycliste la renverse place de la Concorde : fracture de la hanche. À sa demande expresse, on la transporte à la clinique du Saint-Sépulcre, où son époux est décédé. Averti par la maréchaussée, le personnel, aimable et souriant, l'attend sous la pluie à l'entrée des urgences. On la glisse avec précaution sur un brancard, on la recouvre d'un superbe plaid écossais, avant de la confier aux soins de l'éminent professeur Hubert de Tartas.

Surpris de son silence, les Saroyan téléphonent le lendemain à son appartement. Amédée, le fidèle valet de chambre, leur annonce, en larmes, que, suite à une erreur d'anesthésie, Madame n'a pas survécu à l'opération

Médecin malgré moi

Sous Jospin le Bref, Martine Aubry et Bernard Kouchner prirent, non sans courage, le parti des riches, en instaurant la Couverture maladie universelle, dite CMU, accordant la gratuité des soins à toute personne résidant sur le territoire français et dénuée de revenus fixes. Cette mesure astucieuse présente de nombreux avantages. Elle favorise notamment le septième art : entre deux films, les vedettes sont ravies de se faire opérer au frais de leur public. Les rentiers qui émigrent à Marrakech n'ont plus besoin de souscrire à une assurance volontaire. L'investisseur en Bourse est heureux de ne pas dégarnir son portefeuille. Enfin, la CMU tient éloignés des cliniques thaïlandaises à bas prix bon nombre de touristes étrangers.

« Monsieur de Funès ! Comment allez-vous ? Vous me reconnaissez ? Madame Lula... nous nous sommes vus lors d'une soirée à Tunis. C'est drôle de vous rencontrer dans une librairie. Je ne savais pas que vous aimiez lire.

– Je me disais la même chose en vous voyant entrer.

– Je cherche un guide touristique : nous sommes propriétaires d'une chaîne d'hôtels. Êtes-vous déjà allé au Méchoui, à Tozeur ? C'est un superbe sept étoiles. Dites-moi, pourriez-vous me donner un conseil ? Je voudrais passer une mammographie, mais pas moyen d'obtenir un rendez-vous avant trois mois. »

Serviable, j'appelai Charles à son cabinet parisien.

« Je vais la caser entre deux patientes à dix-sept heures... C'est bien parce que c'est toi. »

La médecine à deux vitesses

Ma richissime protégée se faisait passer aux yeux de l'administration française pour une SDF. Elle profitait sans vergogne de la couverture médicale gratuite des indigents. Non seulement Charles ne put bénéficier que de la moitié de ses honoraires habituels – le forfait de la Sécurité sociale –, mais il dut en prime supporter les soucis de la dame déçue de son 4 × 4 dernier modèle.

Le dépistage systématique

> *Vous me donnez un canton peuplé de quelques milliers d'individus neutres, indéterminés. Mon rôle, c'est de les déterminer, de les amener à l'existence médicale. Je les mets au lit, et je regarde ce qui va pouvoir en sortir. Rien ne m'agace comme cet être ni chair ni poisson que vous appelez un homme bien portant.*
>
> Jules Romains, *Knock*

Dans les années 1990, le Japon s'est essayé au dépistage du cancer du poumon, en soumettant des fumeurs à un scanner. Un candidat sur deux en ressortait suspect. On lui forait aussitôt le thorax de part en part ; des trocarts longs comme des fleurets en remontaient des cylindres de chair. Ces sushis, même dépourvus de toute malignité, n'étaient pas pour autant déclarés consommables. Une dizaine de côtes passaient sous les lames d'un sécateur pour de nouveaux prélèvements. Les cobayes apprirent avec soulagement qu'ils n'avaient rien.

Les médecins nippons se sont également intéressés à une tumeur du jeune enfant se développant autour du rein : le neuroblastome. Il se traite par l'association de la chirurgie et d'une chimiothérapie. Indolore, on le découvre en général lorsqu'il atteint la taille d'un pamplemousse et saille sous la peau. Les praticiens s'aperçurent que les urines des porteurs de neuroblastome affichaient toutes un dérivé de l'adrénaline en trop grande quantité. Ils se proposèrent, à titre préventif, de l'évaluer chez des enfants sains, et d'explorer par échographie la région rénale de ceux qui présentent un taux élevé.

Ces tumeurs se mirent à pousser comme des champignons. Leurs jeunes propriétaires, souvent des bébés, ne se plaignant de rien, on laissa aux parents la décision de traiter ou pas. Sur dix-sept tumeurs décelées, on en traita six, laissant les onze autres sous simple surveillance. Celles-ci disparurent d'elles-mêmes en quelques mois. On abandonna le dépistage systématique du neuroblastome.

Mettre au placard, sous prétexte d'économies, des réalisations prestigieuses est une tradition française. Ainsi, le paquebot *France* fut bradé en 1979 et le Concorde finit empaillé sur un parking d'aéroport.

Les temps auraient-ils changé ? Alors que tous les pays pionniers du dépistage massif du cancer du sein ont fini par lui tourner le dos, les autorités françaises l'étendent aux coins les plus reculés du territoire. Les Françaises de cinquante à soixante-quatorze ans sont invitées à choisir sur une liste, en toute indépendance, un radiologue estampillé « expert ès mammographie ». Son respectable diagnostic sera confirmé ou infirmé par un deuxième radiologue : c'est la contre-lecture. En cas d'avis divergents, on appellera à la rescousse un troisième larron, tout aussi brillant que le « médecin Tant pis » et le « médecin Tant mieux » décrits par La Fontaine. Succès sur toute la ligne. Les presses à mamelles ne se sont jamais aussi bien vendues en France : 2 511 appareils en 2000, contre 308 en 1980. On a affecté des médecins désœuvrés au tri des radios. Les radiologues sans clients ont retrouvé le sourire. « Rapport qualité prix imbattable et ambiance festive assurée », dirait un guide touristique.

Rien n'agace plus les chantres du dépistage qu'un sein bien portant. Mais la culture de la terreur finit toujours par payer. « Ni le facteur héréditaire, ni le vieillissement de la population, ni même la consommation d'alcool ou de tabac ne peuvent expliquer cette épidémie de cancers », clame Nathalie – son nom de famille est imprononçable, qu'on ne m'en tienne pas rigueur –, polytechnicienne, harpiste, et jeune « secrétaire d'État chargée de l'Écologie auprès du ministre de l'Écologie, du Développement et de l'Aménagement durables ». Les traitements ayant peu évolué, si le nombre des cancers du sein avait doublé de 1980 à 2000 – passant de 22 000 cas à 42 000, ainsi que l'affirment les morticoles – comment, dès lors, expliquer, que les décès ne suivent pas la même ascension ? Une seule explication : 20 000 diagnostics annuels sont posés abusivement.

« En ne vous consacrant qu'à la mammographie, au moins, vous avez eu la satisfaction d'être utile », me faisait-on remarquer récemment. Les résultats insensés des campagnes de dépistage me persuadent du contraire. Que de seins lacérés, sectionnés, amputés pour rien. Des femmes subissent impunément des radiothérapies et des chimiothérapies. Recalées par les compagnies d'assurances, elles se retrouvent interdites bancaires du jour au lendemain. Pourtant, certains, tel le chirurgien épidémiologiste Michael Resky de l'université de Harvard, dénoncent l'inutilité, voire la dangerosité, de ces campagnes. Ils estiment que les biopsies de portions millimétriques favorisent le déclenchement de lésions malignes qui auraient régressé d'elles-mêmes.

La mammographie est une simple radiographie, qui recourt aux rayons X. Elle a été déviée de son rôle initial, qui se résumait à créer une image, plus ou moins précise d'un noyau palpable dans un sein. La difficulté réside dans le fait que le sein, amas de graisse dépourvu de structure osseuse, est peu photogénique. Les clichés ont tout d'une grappe de méduses entassées à la sortie d'un collecteur d'eaux usagées.

Heureux, le radiologue qui y distingue quelque chose. Il pourrait faire sienne cette phrase d'une célèbre voyante : « Mes clients apprécient la précision de mes flashes. »

« Vous oubliez les microcalcifications ! » me répliqueront les adeptes du dépeçage mammaire. Ces concrétions, bien que minuscules, sont aussi rentables que les calculs, certes plus volumineux, générés par la vésicule biliaire.

Le dépistage systématique

En effet, sans raison apparente, le sein s'essaie parfois à la fabrication du lait et se met à suinter timidement. Belle occasion pour le gynécologue de faire son intéressant. Le téton se retrouve pincé, tordu, malaxé en tous sens. On recueille une malheureuse gouttelette sur une lame de verre, qu'on expédie dans un paquet-cadeau au laboratoire d'un golfeur. Personne n'a jamais vu une cellule maligne là-dedans, mais on ne sait jamais. Un scanner irradiera le crâne de la patiente, une IRM le magnétisera. Des tumeurs du cerveau transformeraient-elles des femmes respectables en vaches laitières ? Pour la plupart, ces velléités lactifères se résument à quelques dépôts de calcium dans la glande mammaire. Ce lait en poudre apparaît sur les radios en un semis de points blancs : les microcalcifications.

Pas de quoi en faire un fromage, si ce n'est que certaines tumeurs, tel le Petit Poucet, sèment des cailloux sur leur parcours. Leurs cellules malignes, massacrées par le système immunitaire, se calcifient en se momifiant. Selon les livres, ces microcalcifications ne ressembleraient pas à celles qui sont d'origine bénigne. Les rares radiologues qui ont de vraies notions de mammographie n'ont que faire de ces idées reçues Ils savent que s'y fier aveuglément est le plus sûr moyen de se tromper. Ainsi, de virulentes tumeurs ne laissent pas la moindre microcalcification, tandis que des lésions bénignes en génèrent de fort suspectes.

Une dame en vison d'élevage vint un jour solliciter mon avis. Une récente mammographie avait détecté des microcalcifications suspectes dans son sein gauche. Les clichés qu'elle me montra étaient de piètre qualité. Je refis l'examen.

« Les microcalcifications qui vous inquiètent sont banales, mais celles du sein droit méritent d'être surveillées. »

La voyant interdite, je lui conseillai d'aller consulter au centre René-Huguenin.

Elle réapparut huit jours plus tard, hors d'elle :

« Je m'en souviendrai : une demi-heure d'attente, tout ça pour voir un malotru ! Il a eu l'aplomb de barbouiller mon sein droit au stylo-bille, prétendant qu'il faudrait un jour retirer ces calcifications. On ne m'avait jamais traitée comme ça... C'est bien simple, je n'en ai pas dormi de la nuit. Heureusement, une de mes amies m'a envoyée chez un grand cancérologue. Vous savez, le professeur Bibolini, qu'on voit souvent à la télé.

– Mais... C'est un spécialiste du poumon, m'étonnai-je.

– Peu importe, lui, au moins, il sait recevoir. Il m'a fait entrer dans son bureau personnel. Et il a pris en compte mon sein gauche, lui. Il m'a recommandé d'aller voir son ami le professeur Loriebat, qui va me faire un prélèvement sur chaque sein.

– Et il vous a pris combien pour ce brillant diagnostic ?

– Je ne sais plus, j'ai payé en liquide...

– Allez, ne vous gênez pas.

– 800 euros, je crois.

– Et c'était combien au centre René-Huguenin ?

– 7 euros... Mais ce n'est pas une raison pour me crayonner la peau comme un dératé ! »

Elle me téléphona quelques jours après. Son humeur était au beau fixe.

– Je suis allée voir le professeur Loriebat, il m'a reçue immédiatement. À gauche, il n'y a rien. On peut à la rigueur effectuer un prélèvement à droite.

– Même avis qu'au centre René-Huguenin...

– Peut-être, mais il a exigé que mes mammographies soient refaites chez un de ses amis, un grand spécialiste, qui a des appareils autrement plus performants que les vôtres !

– Très bien. Qui est-ce ? »

C'était Charles. Nous avions exactement le même matériel.

À l'apparition de l'échographie, un chirurgien me confia : « Je n'y crois pas. » Il fallait être borné pour ne pas pressentir les étonnantes possibilités de cette nouvelle technique. Qu'elle soit mammaire, obstétricale ou abdominale, l'échographie utilise des ultrasons, émis par une sorte de petit haut-parleur que l'on promène sur la peau. Le premier appareil du genre, le sonar, fut mis au point par les Anglais pendant la Seconde Guerre mondiale. Les sous-marins allemands semaient alors la terreur dans l'Atlantique. Lors des attaques, les destroyers alliés les bombardaient de grenades sous-marines, sans résultats probants. On trouva une parade : l'échographie. Remorquée par un navire, une sonde émettait un signal sonore de haute fréquence. Ce bip butait sur la surface métallique du sous-marin et lui revenait en écho. L'effet fut dévastateur.

En médecine, le principe est le même : une flopée de bips émis à la surface du sein progressent à travers la graisse et se réfléchissent sur les structures dures – tumeurs, cailloux, glandes – avant de retourner vers un puissant système informatique. Des images reconstruites sont laissées à l'appréciation et à l'expérience de l'opérateur.

À QUEL RYTHME PASSER UNE MAMMOGRAPHIE ?

« Pardon monsieur, savez-vous où se trouve le cabinet de gynécologie ?
— Sans doute au rayon hygiène : il y a une promo garnitures périodiques spéciales nuit. Mais vous devez laisser votre sac à l'entrée.
— C'est impossible, il y a mon dossier médical et mes résultats d'examen.
— Mais madame, ne commencez pas à m'agresser, c'est le plan Vigipirate : je n'y peux rien...
— Où est passé ce foutu portable ? Une seconde, je vais vous passer ma gynécologue, le docteur Cruchot...
— C'est la femme du gendarme ?
— Je n'en sais rien, je ne l'ai encore jamais vue. Allô, docteur ? C'est madame Merlerin. Oui, je sais bien que vous m'attendez, mais un homme de type méditerranéen me demande de lui laisser mon sac avant de vous rejoindre. Oui, je suis à la caisse centrale. Ah, l'escalier est dans le hall... entre les viennoiseries et les clés minute ? J'arrive.

Comment ? Bien sûr, oui, je peux vous prendre un pain au chocolat... Vous avez une réduction de 15 % ? Très bien, je le dirai. »

Quelques instants plus tard .

« Bonjour, docteur. J'espère ne pas vous avoir fait trop attendre. Tenez, il sort du four. Et voilà le ticket.

— 2,70 euros ! Vous ne lui avez pas demandé la réduction ?

— Ah si, je peux le jurer sur la tête d'Aldebert, mon petit dernier ! Les chaussons aux pommes sont peut-être un peu plus chers, mais il ne restait que ça.

— Pourquoi ne m'avez-vous pas prévenue ? Je ne supporte pas la compote de pommes. J'ai un reflux gastro-œsophagien, ça me donne des acidités qui me remontent jusque dans la bouche. Mais... soulevez le pied gauche ? Et voilà, c'est bien ce que je pensais, c'est vous qui me laissez des traces partout sur la moquette : vous avez une tomate écrasée sous la semelle. Allez leur rendre le chausson aux pommes, et merci de vous essuyer les pieds sur le paillasson en remontant. Ah oui, j'oubliais : prenez-moi une brioche à la place. »

Peu après :

« Alors, qu'est-ce qui vous amène à consulter ? Pardon de vous parler la bouche pleine, mais je suis au bord de l'hypoglycémie.

— J'avais envie de faire une mammographie : j'ai quarante ans, et mon gynécologue de famille prétend que c'est un peu tôt. Je voulais un autre avis.

À quel rythme passer une mammographie ?

– Un instant : cette brioche manque un peu de sucre, je vais chercher de la confiture. La tête qui tourne, la bouche pâteuse.. ça ne trompe pas, ma glycémie descend.
– Vous êtes diabétique ?
– Pas du tout, mais je ne déjeune pas assez à midi. Au fait, ils vous ont remboursé au moins 50 centimes, j'espère ? La brioche est nettement moins chère que le chausson. Je déduirai les 2 euros restants du prix de la consultation. Pour en revenir à votre cas, je considère que quarante ans, c'est déjà bien tard pour une première mammographie.
– Pourtant, le dépistage systématique est gratuit et commence à cinquante ans.
– Enfin, chaque praticien fait comme il l'entend : c'est le charme de la médecine française. Tenez, certains auraient tartiné cette brioche de gelée de groseille, moi, j'ai opté pour le cassis, d'autres préféreront la mirabelle. »

Les gynécologues médicaux

Le camembert, les cuisses de grenouille et la gynécologie médicale sont des spécialités typiquement françaises. Celle-ci fut inventée à l'arrivée de la pilule. Débordés, les gynécologues classiques – ceux qui mettent les bébés au monde – n'avaient guère le temps de soigner les infections intimes qui arrivaient dans le sillage de la nouvelle libération des mœurs. Les obstétriciens sont carrés ; ils ne jouent pas aux divinités infaillibles. Risquant chaque jour d'être traînés devant un tribunal, ils ont d'autre chose à faire que d'enquiquiner un radiologue.

Les gynécologues médicaux forment une société majoritairement féminine. Quelques mâles, par-ci par-là, s'y font aussi petits que les bourdons d'une ruche. Vaginites, salpingites et autres métrites permirent rapidement à nos abeilles de faire leur miel. Le diamant et l'émeraude vinrent bientôt remplacer l'améthyste et la citrine qui paraient leurs mains. Le préservatif faillit ruiner leur belle affaire : le latex faisait barrage au virus du sida, mais aussi à tous ces germes auxquels elles devaient leur prospérité. À Saint-Follin, par exemple, les praticiennes en étaient réduites à expliquer à leurs clientes comment surmonter l'éjaculation précoce de leur polytechnicien d'époux. Elles se firent conseillères en Kama Sutra, sans en avoir elles-mêmes une connaissance aiguë. Elles en étaient rendues à une telle disette qu'elles durent sacrifier leurs pierres aux bijoux fantaisie de La Redoute.

C'est alors qu'arriva le traitement substitutif de la ménopause. Profitant de l'extinction progressive des endocrinologues, spécialistes des hormones, nos reines du spéculum fondirent sur cette manne providentielle avec l'aplomb des inconscients. Mais l'ennui était la minceur de leurs notions en la matière. En faisant jongler leurs patientes entre progestérone et œstrogènes, elles les transformaient en bonnes femmes Michelin, non sans omettre de leur reprocher d'avoir grossi :

« Dites donc, vous avez encore pris dix kilos !
– Pourtant, je ne mange rien...
– Taratata, il faut bien que ça rentre par quelque part. »

Toute gynécologue médicale est persuadée qu'un alien somnole dans les entrailles de sa patiente ; le monstre attend son heure pour se mettre à les dévorer de l'intérieur. Une seule parade : la politique de la terre brûlée. On arrache, on cisaille, on bombarde. Les suppliciées sont ravies : « Ma gynécologue est méticuleuse, minutieuse, scrupuleuse... »

On s'inquiète à juste titre des ravages de la pêche industrielle : les stocks de morues et de flétans se réduisent comme peau de chagrin. Mais que dire de ceux d'utérus et d'ovaires ? Les seins ne sont guère mieux lotis. D'ici une vingtaine d'années, ces espèces pourraient bien subir le triste sort des amygdales et des végétations, exterminées par l'introduction dans les foyers d'un petit prédateur : l'oto-rhino-laryngologiste.

On n'y peut pas grand-chose. Les quelques tentatives de suppression des gynécologues médicales ont provoqué un tollé. Il est vrai qu'entre femmes, on se torture mieux.

« Cher monsieur, tout bien réfléchi, on va vous enlever la prostate. »

Affolé, l'homme court prendre conseil chez un deuxième, voire un troisième médecin, et se renseigne sur les meilleurs urologues de la région. En revanche, suggérer à une femme de changer de gynécologue est peine perdue.

Que de noms d'illustres tortionnaires résonnent encore de nos jours, grâce aux outils qu'ils ont inventés... Près d'un siècle après sa disparition, la pince du « prétentieux et roucoulant Pozzi dont l'ignorance en tout est fabuleuse », comme le décrit Léon Daudet, est toujours aussi indispensable au gynécologue que le fouet au pâtissier. Immortalisé par le peintre John Singer Sargent en robe de chambre rouge, le professeur Pozzi avait certes de l'allure. Un charme dont il ne se privait pas d'user sur ses patientes. Dotée de deux longs bras crochus, sa pince s'enfonce aussi sûrement dans le col de l'utérus que les mâchoires d'un molosse dans une cuisse. Ainsi ferrées, les chairs, malgré les contorsions de leur propriétaire, n'ont plus qu'à émerger des profondeurs vaginales, sous la traction de la gynécologue médicale.

« Mais hélas ! Qui ne sait que ces loups doucereux, de tous les loups sont les plus dangereux. » (Charles Perrault, *Le Petit Chaperon rouge*)
Dring, dring !
Une voix retentit dans l'interphone
« Qui est là ?
– C'est madame Chaperonrouge.
– Tirez la bobinette et la chevillette cherra. »
Madame Chaperonrouge se déshabilla et s'allongea sur la table d'examen, étonnée de l'allure de sa gynécologue.
« Docteur, que vous avez de grandes mains.
– C'est pour mieux vous examiner, ma petite.
– Docteur, que vous avez de grandes oreilles.
– C'est pour mieux vous écouter, mon enfant.
– Docteur, que vous avez de grandes lunettes.
– C'est pour mieux voir votre utérus, mon enfant.
– Docteur, que vous avez de grandes pinces (de Pozzi).
– C'est pour mieux te manger. »
Et en disant ces mots, la méchante louve lui arracha l'utérus et le mangea.

Pendant mes interminables journées mammographiques, j'incitais mes patientes à me raconter par le menu leurs entretiens gynécologiques, histoire de me distraire. Je n'étais jamais déçu. Madame Novalès était gardienne d'une résidence-clapier pour cadres supérieurs. Trois bouleaux rachitiques, quelques bégonias et des géraniums aux balcons suffisaient à recréer une vague ambiance champêtre.

« Je suis encore bonne pour le service, docteur de Funès ?

– Soyez tranquille, vos seins ne vous entraîneront pas dans la tombe cette année. Et puis, avec une gynécologue aussi minutieuse, vous êtes à l'abri de tout... Sa salle d'attente ne désemplit pas : elle doit être épuisée. Elle m'a d'ailleurs paru un peu nerveuse, pas à vous ? »

La machine était lancée.

« Oh, ne m'en parlez pas. Elle m'a demandé si je connaissais la dame qui venait de sortir de son bureau. "Mais si, insistait-elle, c'est madame Beaumanoir, une locataire de votre résidence... ça ne vous dit rien ? – Je ne prête pas attention à tout le monde. – Elle vit avec un homme roux. Il a le teint huileux et des petits yeux cruels. Vous situez ? – Je les connais de loin. – Vous ne trouvez pas qu'elle a l'air triste ?" Ça devenait gênant, j'ai essayé d'embrayer sur mon frottis, mais elle n'écoutait rien, elle faisait une fixation sur cette locataire. Alors, elle m'a pris par l'épaule et m'a glissé à voix basse : "Madame Novalès, je vais vous dire pourquoi elle est dans un tel état... Je suis convaincu qu'elle vit avec un inverti. – Un inverti ? – Oui, enfin, un pédé, si vous préférez. Figurez-vous que je lui soigne une fissure anale... C'est un sodomite. Vous imaginez ce qu'il fait endurer à cette femme ?" »

J'apprenais également des indiscrétions par téléphone, de la bouche même de gynécologues :

« Allô, Patrick ? C'est Nicole. Je suis en consultation mais je t'appelle deux secondes, tu ne devineras jamais ce que je viens d'entendre, je suis sidérée... La patiente qui vient de sortir m'a avoué qu'elle avait un amant.

– Et alors ?

– Il a vingt ans de moins qu'elle !

– C'est un copain de son fils ?

– Comment tu le sais ?

– C'est plus pratique. Et puis, quitte à s'envoyer en l'air, autant que ce soit avec de la chair fraîche. »

Nicole ne m'envoya plus jamais de patientes à mammographier.

Comment devenir médecin médiatique

> *Quand vous rencontrerez un docteur à la mode, observez-le soigneusement à distance respectueuse avant de vous confier à lui. Il peut être un bon médecin, mais bien souvent il ne l'est point. Il a une tendance inévitable à devenir snob.*
>
> Axel Munthe, *Le Livre de San Michele*

Les femmes sont genéralement peu sensibles aux simagrées émotionnelles du footballeur. Les étreintes rythmées, les claques sur les omoplates et les coups de boule leur rappellent Frodo, le chimpanzé qui faillit briser le cou de la célèbre primatologue Jane Goodall. Elles préfèrent de loin le spectacle de la maladie et de la faim. L'idéal, pour les annonceurs publicitaires, est de capter l'attention à la fois du mari fou de ballon et de l'épouse éperdue de compassion. Dans le footballeur comme dans le cochon, tout est bon, des oreilles à la queue. Bien présentée, la gélatine des ligaments d'un genou peut régaler un vaste public, surtout si elle leur est servie par un chirurgien à fière allure.

« Il a l'air très bien cet homme. Michel, tu devrais lui montrer ta hanche », s'extasie Paule.

À l'idée de retrouver son attaquant adoré, Michel descend trois canettes supplémentaires. Ce spot vantant une nouvelle barquette de lasagnes pourra se vanter de son taux d'audience.

Un médecin doué peut à lui tout seul remplacer une équipe de foot, s'il sait exploiter l'agonie, la douleur et le drame. Nul besoin de lui verser un cachet : une assiette de petits-fours et beaucoup de considération lui suffisent. Et puis, il se rémunère sur le tas. Ainsi, une clientèle étrangère et riche en pétrodollars, captivée par son aura médiatique, le paiera bientôt en espèces sonnantes et trébuchantes. La tumeur maligne – surtout si elle est cérébrale et touche un enfant – est très porteuse. C'est un incomparable vecteur d'émotions, donc d'audimat, donc de recettes.

Cependant, les chaînes n'engagent pas le premier venu : il faut avoir le bon profil. Bégaiement, grognements, sanglots – autant de manifestations émotionnelles faisant le charme des athlètes de haut niveau – ne seront pas tolérés chez l'esculape médiatique. Il ne doit pas afficher d'optimisme outrancier · seule la terreur paie, qu'il en soit convaincu. Personne ne lui reprochera jamais des statistiques alarmistes, même si elles sont fausses. « Mieux vaut prévenir que guérir », comme dit madame Dupont. Queue-de-pie et haut-de-forme ne sont plus de mise. Complet croisé gris ou blazer bleu garni d'une rosette

Comment devenir médecin médiatique

sont parfaits en plateau. La blouse blanche ne se porte que dans son contexte – stéthoscope autour du cou indispensable, même s'il ne s'en sert jamais. Au vestiaire, veste de tweed élimée, jean et chemisette à carreaux : on ne l'engagerait que pour la promotion des médicaments génériques – à la rigueur pour le voir tendre un verre d'eau à une vieille dame pendant la canicule.

Rendons hommage, en passant, à un radiologue parisien pour sa grande originalité. Je ne le nommerai pas, de peur de contrarier sa modestie. Sachez seulement qu'il s'est fait un nom dans la presse *people* et qu'il dessine lui-même ses toilettes.

Les doctoresses désireuses de participer à ces spectacles n'ont aucune chance d'être retenues, même avec un regard exprimant toute la misère du monde. On voit parfois deux harpies gynécologues s'étriper sur le traitement de la ménopause, mais en matière de médecine médiatique, nous sommes encore loin de la parité des sexes.

Pour s'imposer dans l'univers fermé de l'audiovisuel, il est vivement recommandé que le nouveau venu se mette en ménage avec une personnalité en vue : actrice, chanteuse, politicienne, écrivaine… Les femmes férues de médecins sont avides d'émotions fortes. Avec l'arrivée de la trithérapie, les spécialistes du sida perdirent en impact. Mais neurochirurgiens et cancérologues demeurent les éternels favoris des nouvelles penseuses ridicules. N'oublions pas l'humanitaire, intéressant vivier pour les célibataires.

Pas plus tard qu'hier, sur le petit écran, je tombai sur une blonde hirsute jacassant dans un tailleur strict. Elle était productrice et actrice de films X :

« Et à part le porno, qu'aimeriez-vous faire ? l'interrogeait-on.

– M'occuper du tiers-monde. »

L'AILE OU LA CUISSE

« Les nouveaux morticoles ne méritent pas plus de ménagements que leurs aînés. Piliers de la République, bénéficiant de toutes les décorations et hautes faveurs du régime (...). Bientôt la vogue des chirurgiens et de leurs mirifiques opérations, fréquemment inutiles, vint compléter cette tyrannie », écrit Léon Daudet à la fin de sa vie, en 1940. Les « piliers de la République » de l'époque avaient suffisamment de culture pour s'efforcer de ne pas coller de trop près au théâtre de Molière ou de Jules Romains. Ceux d'aujourd'hui ne semblent avoir jamais entendu parler de *Knock* ou du *Malade imaginaire*. Les Diafoirus modernes pullulent ; ils s'entre-tueraient pour un siège à la table raffinée des énarques – l'occasion rêvée de faire passer leur rosette du bleu au rouge.

« Ma chère ministre, tous mes compliments : votre élection est un plébiscite. Avant tout, je vous rassure, vos démangeaisons du haut de la cuisse ne m'inquiètent pas. Pendant cette campagne électorale, vous avez été exposée

Médecin malgré moi

pendant des heures aux trépidations d'une automobile. Sur cette partie du corps, la peau, frottant contre le nylon s'échauffe et finit par s'irriter. Ah, c'était de la soie ? Mais oui, bien sûr, où ai-je la tête ! Déformation professionnelle : dans nos hôpitaux, c'est le règne du synthétique... Voyons ce nectar. Belle robe vermeille, un peu violette, bel éclat. C'est un bordeaux, un grand bordeaux. Un peu de pourriture noble en suspension... Ses impuretés descendent lentement... Vous me traitez comme un roi. Enfin, de toute façon, soie, lycra, élasthanne, tout cela finit par fermenter. Un peu de pommade chaque soir pendant trois jours, et il n'y paraîtra plus. Vous ne penserez même plus à votre cuisse ! Hum, quel goût subtil, cette aile de caille aux inflorescences d'hibiscus... Avec ce chef, c'est une perpétuelle invitation au voyage. Dites-moi, maintenant que vous êtes en charge de l'éducation de notre chère jeunesse, permettez-moi de vous soumettre une de mes idées : une nouvelle façon d'enseigner les mathématiques, qui permettra à l'élève d'associer à ses calculs la réalité sociale et sanitaire de notre pays. Un exemple simple : une rame de métro contenant sept cents voyageurs quitte la station Palais-Royal. On pose que les deux sexes sont répartis à parts égales. À Tuileries, dix hommes et quarante femmes descendent. Suite à un mouvement social, le train s'immobilise définitivement à Concorde. Sachant que deux femmes sur dix sont porteuses d'un cancer du sein et deux hommes sur trois de la prostate, combien de tumeurs malignes sortent du métro ? Ingénieux non ? L'énoncé se complique en fonction du niveau scolaire : on ajoute les mélanomes, les cancers du côlon, de la thyroïde... Le train ne sera jamais entièrement plein de cancéreux, puisque je prends soin de ne pas évoquer le conducteur. Remarquez, on peut simplifier en choisissant des lignes entièrement automatisées. Bien entendu, ma chère ministre, il ne faut pas prendre ces chiffres à la lettre, ce ne sont que des extrapolations. Affirmer que les cancers ont triplé depuis la guerre n'est qu'une figure de style : à l'époque, on ne les comptabilisait pas.

« Ah, voilà votre mari – euh, pardon ! votre compagnon – qui nous rejoint. Cher ami, madame la ministre va bien, pas d'inquiétude. Prenez un verre, et trinquons à sa bonne santé ! Comment ça, votre docteur vous l'interdit ? Qui est-ce ? Ratinier ? Mais c'est un généraliste ! Quelle idée ! Vous vivez auprès d'une ministre, vous devez assumer votre rang. Votre corps appartient à la France, vous ne pouvez le confier qu'à un grand praticien. Et puis, croyez-moi, ce ne sont pas trois verres de plus qui vous entraîneront dans la tombe. Regardez-vous, vous avez le teint d'un garde républicain ! Les antécédents ? Qu'est-ce que c'est que cette histoire ? Votre papa buvait, votre maman buvait, ils se tabassaient ? Et alors ? Un cheminot et une cheminote, ça n'a rien à voir avec le patron de la SNCF que vous êtes. Vous ne consommez pas les mêmes produits. Tenez, goûtez-moi cette merveille. C'est un 53, une très grande année. Deux à trois bouteilles par jour ne menaceraient que votre portefeuille. Le vin, c'est aussi le soleil. Ce vin a profité d'une belle exposition sud-ouest, sur un coteau de bonne pente. C'est un saint-julien, château léoville-las-cases 1953 ! »

Le match

Samedi 15 mars, vingt heures cinquante
« Ludivine, bonsoir, vous êtes la responsable du bloc opératoire. Vous êtes en train d'installer le jeune Jordan sur un fauteuil métallique. En attendant l'arrivée du professeur Fourchaume, pourriez-vous préciser à nos téléspectateurs comment va se dérouler l'intervention ?

– Carole, d'abord, je tiens à dire que j'aime beaucoup votre émission. J'en profite pour envoyer des gros bisous à Hillary, ma petite puce.

– Alors, si je comprends bien, nous allons assister ce soir en direct à une grande première. Grâce au Décerveleur 600 qu'a mis au point le professeur Fourchaume, vous allez aspirer une infime partie du cerveau de Jordan, afin de le soulager d'un bégaiement incontrôlable.

– Petite rectification, Carole, nous allons utiliser la version haut de gamme : le Décerveleur 600 HD Marathon. La mèche qui perfore le crâne est désormais munie d'un serpentin de cuivre à calibre élevé, qui évite au patient des vibrations désagréables.

– Jordan ne sera donc pas anesthésié ?

– Il doit rester conscient, pour qu'on puisse tester ses réactions aux stimuli électriques. Mais c'est indolore, il écoutera de la musique. Jordan, tu préfères Mozart ou Beethoven ? Comment dis-tu ? Ddddd.. doc... gynéco ? Mais poussin, tu n'es pas en gynécologie...

– Euh, Ludivine, je crois que Jordan parle du rappeur Doc Gynéco.

– Je n'ai pas ça... Gilbert Bécaud, ça sonne pareil, ça ira ? Bon, je poursuis, alors : un tube télescopique d'aspiration, relié à un filtre lavable – comme il convient aux personnes souffrant d'allergies – s'introduira automatiquement dans le crâne. Puis, une brosse ultraplate permettra d'aspirer avec une précision inégalée les neurones responsables du bégaiement.

– Tout cela est magique, Ludivine ! De nombreux appels arrivent au standard. Lucienne, de La Ferté-sous-Jouarre, demande si c'est douloureux.

– Pas du tout. Je n'irai pas jusqu'à dire que c'est un plaisir, mais c'est tout comme.

– Annette, de Nogent-le-Rotrou, veut savoir si David Servan-Schreiber a été opéré de la même façon.

– Non, c'est pour cela qu'il lui reste cette manie de parler pour ne rien dire.

– Ah, voici le professeur Fourchaume qui sort des vestiaires. Professeur, s'il vous plaît, un mot avant de rejoindre votre équipe : dans quel état d'esprit êtes-vous ?

Le match

– Confiant, un peu tendu, Carole... Pourquoi le nier, ce ne sera pas facile... Mais pour gagner, il faut risquer de perdre. Je suis à 95 % de ma forme physique, pourtant, je ne me fais pas d'illusions : le succès se jouera surtout sur le mental.

– Votre aide est un nouveau venu dans l'équipe : que vous apporte-t-il ?

– Il nous fait du bien par son vécu, il a la classe totale. »

Vingt-trois heures deux
« Jordan, c'est bientôt fini. Répète après moi . "Bonjour, maman."

– Bbbbbb... bon... jjj...

– Le trouble persiste. J'oblique de trois degrés... Je stimule. Recommence.

– Bbbbon... bon... jjjour maman...

– Un quart de degré en plus, et ce sera parfait. Vas-y, Jordan !

– Bonjjjjjour papa.

– Légère erreur de cap, encore une petite rotation et on y est. À toi, Jordan.

– Bonjour, maman.

– Qu'est-ce que je vous disais, rien ne vaut l'expérience. Prêts pour l'aspiration ? Force 2. Vérification. Parfait. Bien, Jordan, embrasse ta maman.

– Maman, salope... pute, salope. »

Minuit dix-sept

« Oui, Carole, c'est une grosse déception. Nous garderons toujours un sentiment d'inachevé. Dans la vie, il y a des moments qui ne sont pas simples... C'est comme ça, on vit avec. La première demi-heure a été compliquée, et à la fin, nous nous sommes fait vraiment peur. Mais je pense qu'on peut sortir la tête haute de cette aventure. Il y a plein de choses positives à en retirer. L'essentiel est de rebondir..

« Je tenais à ajouter une chose : que les parents de Jordan soient mécontents, je le comprends, mais je ne peux pas supporter l'agression verbale... Je suis fait comme ça : la vulgarité me fait horreur. J'espère qu'ils vont se reprendre. Après tout, ça fait partie du jeu. Il faut rester fair-play. »

Les grands cancérologues

La cancérologie, ou oncologie, n'est reconnue comme une spécialité à part entière que depuis le début des années 1990. En France, on dénombre environ 200 cancérologues. Le chiffre 190 serait plus proche de la vérité, puisqu'une dizaine d'entre eux passent le plus clair de leur temps en compagnie des ministres et des penseuses ridicules. Les médias les gratifient du titre ronflant de « grands spécialistes en cancérologie ». Ceux qui restent, les « petits cancérologues », donc – d'ailleurs trop peu nombreux –, s'occupent avec dévouement des malades qui ne peuvent se permettre de payer 500 euros pour une consultation privée.

Face à cette pénurie, il faut parer au plus pressé. Le monde du journalisme, de l'édition et du spectacle a décidé de former des cancérologues par procuration. Toute personne un tant soit peu connue consulte en direct aux heures de grande écoute. Condition *sine qua non* : il faut qu'elle soit porteuse elle-même d'une tumeur maligne à fort potentiel audimétrique : sein, cerveau, poumon. Le grand cancéreux, comme le grand cancérologue, écrit des livres à succès, crée des associations, ouvre un blog sur Internet... Son discours doit rester résolument optimiste. Son courage, son intelligence et son humour lui ont permis d'abandonner le statut de victime pour celui de grand stratège victorieux. Il est la réincarnation de saint Georges terrassant le dragon.

Le professeur Belpomme
Une chose est sûre : Dominique Belpomme ne fut pas médecin malgré lui. Il est d'un autre calibre que ce pauvre de Funès... Il a beau n'être mon aîné que d'un an, il était déjà, en 1962, titulaire d'un certificat de sciences physiques et naturelles, tandis que j'échouais pour la deuxième fois au permis de conduire. Mettons à contribution le navigateur Internet et comparons les références .
– Patrick de Funès : fils de gendarme.
– Dominique Belpomme : des pages de diplômes, de distinctions, de sociétés prestigieuses.
L'ordinateur a même du mal à suivre. Juin 1968 : Dominique Belpomme enrichit ses connaissances au Roswell Park Memorial Institute de Buffalo, État de New York ; Patrick de Funès fait du nudisme à Saint-Tropez. Le professeur appartient à dix sociétés savantes au moins ; je n'ai jamais été membre que d'un équipage de chasse à courre. Son label « grand cancérologue », il ne l'a pas volé. Expert auprès de l'Agence spatiale européenne, il est mûr pour être mis sur orbite ; je suis à point pour

aller engraisser les pissenlits. Je n'avais écrit jusqu'ici que la moitié d'un livre, *Ne parlez pas trop de moi, les enfants* ; Belpomme est incroyablement prolixe. Ses ouvrages sont bien tournés, pas racoleurs pour deux sous. Dans son dernier ouvrage en date, il nous fait part de ses dernières découvertes avec la générosité propre aux grands chercheurs. Leur portée scientifique est immense. J'y ai lu qu'il fallait « aérer et dépoussiérer son lieu de vie », « consommer des légumes à feuilles », « les laver correctement avant de les éplucher ». Plus étonnant encore : « ne pas les consommer après avoir attendu plusieurs jours et ne pas les faire trop cuire ». J'omettais l'essentiel : le respect des saisons. On ne mange pas de fraises en hiver Ça a la couleur du Coffe, mais c'est du Belpomme. À quand le marché anticancer à 20 euros pour quatre personnes ?

Le professeur < Bip >

Propulsé au sommet de l'Institut national du cancer, le professeur <*Bip*> a dû, hélas, en redescendre plus tôt que prévu, sans avoir eu le temps de se faire peindre en majesté triomphante, à la manière de Hyacinthe Rigaud. Comme son confrère Belpomme, il possède un beau brin de plume, en témoignent des œuvres aux titres prometteurs : *Vis, cours, vole !, Immortelle espérance…*

Scénariste à ses heures, il appartient lui aussi à une kyrielle de sociétés savantes. Mais surtout, Grand Croix de l'ordre dynastique de Sainte-Agathe, il est ambassadeur de la république de Saint-Marin Il voyage dans une voiture immatriculée corps diplomatique. Même en ces temps d'arrogance policière, cet avantage ne me pousserait nullement à échanger mon statut de radiologue miteux et mité contre celui de cancérologue héroïsé.

Les yeux sans visage

Je vous invite à venir voir l'un de ces jours,
pour vous divertir, la dissection d'une femme,
sur quoi je dois raisonner.

Molière, *Le Malade imaginaire*

Le génie attise les jalousies. Le professeur d'urologie Guy Vallencien, autre candidat à la mise sur orbite, ne s'y trompe pas : « Nous sommes également la cible des cancérologues furieux de voir que les urologues sont en première ligne pour traiter les cancers de la prostate » confiait-il dernièrement au journal *Le Monde*. Le meilleur moyen de gagner la confiance et l'estime d'un souverain est de lui glisser régulièrement un doigt dans le derrière. Cette occupation, autrefois dévolue à la favorite royale, est désormais l'apanage de l'urologue en charge de la prostate présidentielle. Cette petite glande, nichée dans le bas-ventre, présente l'avantage de n'être ni à gauche ni à droite, mais parfaitement au centre. L'heureux élu en charge de celle du président survivra ainsi facilement aux aléas de la vie politique. Urologue *« by appointment of his majesty the king »*, ce n'est pas rien. Gare à celui qui oserait marcher sur ses plates-bandes : émirs, sultans ou princes n'hésitent pas à mettre la main au portefeuille, pour que cet éminent professeur glisse la sienne sous leur djellaba.

Février 2006. En direct sur une chaîne info, le professeur d'urologie Jean-Michel Dubernard, intime de l'Élysée, offre aux téléspectateurs un remake du film *Les Yeux sans visage*, de Georges Franju, où il reprend le rôle de Pierre Brasseur. Dans le film, le comédien enlevait des jeunes filles et leur découpait le visage pour essayer – en vain – de le greffer à sa fille, défigurée par un horrible accident.

Le *reality show* du professeur Dubernard aura cependant une issue plus heureuse : sa tentative est couronnée de succès. Quelques minutes plus tôt, le professeur Devauchelle, chirurgien de la face, raisonnait avec clarté. Las de greffer des museaux à des rats, il avait déclaré d'une voix tremblante : « Peut-on se contenter de faire bien ou presque bien lorsque l'on est persuadé que l'on peut faire mieux ? » Le moment de passer à l'action était arrivé. Seulement voilà : comment obtenir d'une administration frileuse les autorisations nécessaires pour se lancer dans une telle aventure ? Il lui fallait l'appui d'un homme d'influence, celui qui passe sa chemise au souverain à son lever et plie sa culotte au coucher : le professeur Dubernard.

« Vous avez raison de mettre votre espérance en moi ; car je suis le plus grand, le plus habile, le plus docte médecin qui soit dans la faculté végétale, sensitive et minérale. » (Molière, *Le Malade imaginaire*)

Le professeur Dubernard est alors entré en scène. Mais par quel prodige un spécialiste des reins et de la prostate peut-il passer au nez, puis au menton ? Son don de persuasion est tel qu'on serait tenté de croire que, comme Pierre Brasseur, il a façonné ce nouveau visage sans l'aide de quiconque. Le public eut droit à un diaporama digne d'un film de Tarentino. Aucun détail, si infime soit-il, ne nous fut épargné. Le diamètre de l'artère axillaire de la donneuse était inférieur aux souhaits de l'urologue : ses cheveux s'en seraient dressés sur son auguste chef. Pour un homme politique, reconnaissons-lui néanmoins le mérite de ne pas manier la langue de bois · « Tout peut se décrocher dans un mois, un an, cinq ans... » répondit-il, à peu de chose près, à la question d'une journaliste. En arrière-plan, Isabelle Dinoire, la greffée, restait immobile et pensive.

Au diable, le code de déontologie médicale :

« Les médecins ne doivent pas divulguer dans les milieux médicaux un procédé nouveau de diagnostic ou de traitement insuffisamment éprouvé sans accompagner leur communication des réserves qui s'imposent. Ils ne doivent pas faire une telle divulgation dans le public non médical. » (article 14)

« Il est interdit à un médecin qui remplit un mandat électif ou une fonction administrative d'en user pour accroître sa clientèle. » (article 27)

15 septembre 2006. Remarquable documentaire sur le câble : l'attaque d'une cycliste par un puma dans les hauteurs de Los Angeles. Bondissant d'un fourré, le fauve la renverse et la saisit à la tête. Un promeneur, alerté par les hurlements de la malheureuse, essaie de la tirer par les pieds. Le puma résiste, s'arc-boute en serrant les mâchoires. Mais apeuré par le jet d'une pierre, il finit par lâcher prise et s'enfuit. Sa victime présente des lésions au visage qu'on ose à peine imaginer : plaies et fractures en tout genre.

On la retrouve deux ans plus tard, après plusieurs interventions : elle est loin d'être défigurée. Ses cicatrices n'en font pas la créature d'un film d'horreur, elles lui donnent même un certain charme. Elle est parfaitement épanouie.

Les pionniers

Il serait inconvenant de ne pas rendre un hommage particulier aux grands pionniers de la médecine médiatique, apparus dans les années 1980. « La notoriété, c'est comme de manger des cacahuètes : quand on commence, on ne peut plus s'arrêter », disait Andy Warhol. À eux seuls, ces éminents professeurs auraient pu affamer la colonie de babouins du zoo de Vincennes. Leurs nombreux émules passaient leur temps à chanter leurs mérites :

« <*Bip*> m'a dit : "Vous avez un cancer, tout n'est pas perdu : nous allons nous battre !" » entonnait la soprano légère.

L'alto, d'une voix profonde, développait : « Et <*Bip*> est d'une énergie... "Regardez-moi dans les yeux, regardez-moi là ! me disait-il. Vous avez des métastases au poumon, nous allons lancer une chimiothérapie." »

Éblouies, certaines de leurs compagnes, souvent comédiennes de métier, n'ont pas hésité à déclarer qu'elles vivaient auprès d'un génie. Qui pourrait prétendre le contraire ? L'idée, par exemple, d'associer les SDF à la promotion d'acteurs ou d'actrices est géniale, en effet.

Du clair-obscur, surgissent des êtres fantomatiques : les sans-logis. Un savant télévisuel vient les distraire par quelques facéties. Un évêque médiatique jaillit des ténèbres, bouscule la penseuse ridicule du moment, s'insinue entre elle et la caméra. Elle le connaît, ce tartuffe en soutane, prêt à tout pour lui piquer ses pauvres... Au déjeuner, elle s'en épanche auprès du savant : « Cette cantoche, c'est top, il me fallait ça. Je suis cassée. Il m'a tuée, votre cardinal ! Ah, c'est un évêque ? Je croyais que ça n'existait plus. Enfin, cardinal, pape ou rabbin, pour moi, c'est kif kif. Je suis bouddhiste, tendance Baya Dhyana. OK, juste un peu de caviar, pour vous accompagner, professeur... Je suis trop nouée. C'est du béluga ? Bon, va pour de l'oscietre : avec une pomme de terre, c'est magique. Rien de tel qu'un plat simple. Oui, de la vodka, mais de la polonaise, surtout pas de la russe. Vous avez de la Zubrowka ? Au fait, professeur, on passe bien au journal, ce soir ? Mon film sort après-demain. Qu'est-ce qu'il faut pas faire... Moi, c'est vrai que la misère humaine et l'injustice, ça me fait trop, trop flipper. Maman était femme de ménage, papa, employé du gaz. Chez nous, le socialisme, c'est une tradition familiale, on a la générosité dans le sang. Garçon ! Elle est pas assez froide, la vodka. Et la patate est trop cuite. Remportez-moi tout ça et mettez-nous des blinis. Ils sont nases ici, c'est pas possible ! Qu'est-ce que je disais ?... Ah oui, par contre, jeudi, les sans-papiers, ce sera sans moi. Toutes ces odeurs de cannelle, de manioc... ça me retourne le cœur. Et puis, j'ai la phobie des poux... ça se commande pas. Tiens, depuis ce matin, je me gratte, ça me démange de partout. Non... je voudrais me mettre aux enfants cancéreux : au moins, tout est désinfecté. Vous avez un tuyau, professeur ? Ah, voilà les blinis. Je suis une vraie rêveuse. Au lieu de faire mes comptes, je lis Schopenhauer, Hegel... vous ne saviez pas ? J'ai fait philo. Non, le matériel m'ennuie grave. Alors, je me fais avoir... Tenez, là, y a des nases qui me squattent trois apparts, ça va faire un an qu'ils paient plus, ils s'incrustent. Vous imaginez ce que ça me coûte en avocats ? Comment je vais payer la restauration de ma grange ? On va me retrouver sous une tente le long du canal Saint-Martin. Allez, à nos amours, professeur, y a que ça de vrai ! »

Thierry Le Luron n'était pas un truqueur. Il respectait ceux qui payaient leur place pour venir l'applaudir. Une fois le rideau tombé et les projecteurs éteints, il retournait à sa vie. Il aimait trop son public pour se permettre de lui donner des leçons de maintien ou de générosité. Quand il apprit qu'il était perdu, il décida de passer les quelques jours qui lui restaient sous les lambris dorés de l'hôtel de Crillon, place de la Concorde. Il ne souhaitait aucune visite, pas même de ses proches. Jacques Chirac, tout juste nommé Premier ministre par François Mitterrand, réussit à forcer le barrage de la réception. « Thierry, lui dit-il, dans ma famille, nous avons un sixième sens : nous ressentons la mort. Assis en face de vous, je n'éprouve pas ce sentiment. »

Ses médecins de Boston voulurent lui faire entreprendre une chimiothérapie. Il demanda à Jacques Chazot de l'y accompagner. Terrorisé à l'idée d'un voyage en Concorde, Jacques demanda conseil aux actrices qu'il avait fait danser. Elles ne tarissaient pas d'éloges sur les talents d'accompagnateur de leur cher professeur <*Bip*>. Lequel ne tarda pas à se faufiler entre les Rolls et les Bentley garées devant le palace, avec la même grâce qu'il mettait à contourner les poubelles des sans-logis. « Cher ami, j'ai accompagné Simone Signoret jusqu'au bout, ça s'est très bien passé ! » annonça-t-il à son nouveau malade.

À compter de ce jour-là, Thierry s'est annoncé à ses amis au téléphone par un retentissant : « Bonjour, c'est Simone ! »

Le Cancer en chantant

« Allô, madame Grunder ? C'est le professeur Loriebat, je suis encore à l'aéroport, j'arrive de Toronto. Vous êtes libre le 20 octobre ? J'ai un bon plan pour vous : je vous invite à l'émission de Marc Champion, pour la promo de mon nouveau livre, *Le Cancer en chantant*. Vous pourrez parler du dépistage du cancer du sein qui vous a sauvé la vie. Comment ? Parlez plus fort, il y a un avion qui décolle ! Vous avez eu... un cancer du rein ! Avec un *r*, comme rognon, c'est ça ? Ma secrétaire a fait une faute de frappe, je vais la virer ! Bon... pas grave, dites que c'est un sein, ça passera mieux. David Servan-Schreiber y sera aussi, il évoquera sa tumeur au cerveau. On ne parle que de lui en ce moment. Et lui-même est intarissable, on ne peut plus l'arrêter. En médecine, on appelle ça la logorrhée, ça arrive souvent chez les lobotomisés. Mais non, vous vous en sortirez très bien ! Faites comme lui, parlez cuisine, de produits simples... "La soupe poireaux-pommes de terre m'a aidée à remonter la pente" ou un truc dans le genre.

Dites ce qui vous plaît, mais toujours avec cette idée en tête : "Le cancer a fait de moi une autre femme, je chante du soir au matin, j'écris, je peins, je sculpte…" Je sais, c'est un peu nunuche, mais c'est supertendance. C'est vecteur d'émotions. »

*

« Les essais lumière sont terminés ? Bon, on tourne dans dix minutes. Lucas, passez-moi la fiche du cancéreux de la semaine. Ah, c'est une femme ? Elle est déjà au maquillage ? OK… Tiens, Angeline Soronal, intéressant ! Elle ne tourne plus beaucoup, mais elle est cultissime. On va faire exploser l'audimat. Pardon ? Comment ça, c'est pas Soronal ? Vous avez écrit *surrénale* ? ! Une inconnue avec une tumeur surrénale, ça n'intéressera personne ! Encore un truc comme ça et l'émission s'arrête. Il nous faut des noms connus ! Cherchez, remuez-vous, les cocos ! Qu'est-ce qu'ils foutent, les documentalistes ? Bon, faites entrer le public. Oui, qu'est-ce qu'il y a, Lucas ? David Servan-Schreiber vient d'arriver ? Mais il est programmé pour la semaine prochaine ! Il s'est gouré… Par contre, lui… c'est vingt points de parts de marché en plus, les femmes l'adorent. Virez la surrénale. On va le maquiller directement en plateau. Vous ne le trouvez plus ? Allez le chercher tout de suite, enfin ! On ne lâche pas d'une semelle quelqu'un qui a un bout de cervelle en moins. Cherchez ! Il ne parle que de fraises et de yaourts, ça ne passe pas inaperçu, tout de même ! »

Le cancer en chantant

*

Jeudi 5 mai, vingt heures cinquante. Soirée Espoir. Une émission conçue et animée par la grande journaliste Catherine Liseray.

« Chers amis téléspectateurs, bonsoir, et merci de nous rester fidèles. Ce soir, nous recevons une véritable légende de la cancérologie · le professeur Jacques Tricatel. Tout juste rentré d'une mission humanitaire à Monaco, il nous fait l'amitié d'une petite visite. Mais je crois savoir que vous n'arrivez pas seul, professeur, puisqu'une de vos réussites vous accompagne... Roger, entrez ! Vous êtes resplendissant, avec votre belle petite bedaine. Comment imaginer qu'il y a deux mois a peine, vous n'étiez qu'un squelette ambulant, tout juste bon à jouer dans un film d'épouvante ?

– ..

– Bien ! À vos côtés, j'accueille une autre créature de rêve, la ravissante Juliette Poulangeard. Asseyez-vous à ma gauche, on va vous faire de la place. Roger, faites donc le tour du plateau au petit trot, pour nous montrer à quel point vous êtes en forme. Juliette, vous êtes radieuse. Alors, votre film *Sors-moi de ma bulle* aborde un sujet délicat et rarement traité : Jade, votre personnage, a une liaison avec le meilleur ami de son mari. Ça s'est bien passé, avec Karim, votre partenaire ?

– Superbien, Catherine ! Il a su me mettre à l'aise, il est d'une gentillesse...

– Pardonnez-moi de vous interrompre Juliette, mais regardez ! Professeur Tricatel, Roger est à peine essoufflé, c'est une réussite totale.

– Oui, j'ai mis au point une nouvelle technique, dont l'originalité est de combiner la thérapie habituelle au bien-être mental et à une alimentation saine et variée.

– Juliette, à propos de bien-être mental, comment avez-vous vécu cette scène torride, qui est le point d'orgue du film ?

– Je suis très pudique de nature, mais Karim a su y faire, c'est un amour.

– Professeur, vous irez voir le film ?

– Je vais essayer mais je ne garantis rien. Vous savez, entre mon service – enfin, *mes* services : j'en dirige trois – la recherche, mes patients, mes étudiants et mes fonctions parlementaires, je n'ai guère le temps de me distraire. »

Jeudi 30 juin. Soirée Compassion.
Catherine Liseray est hors d'elle :
« Comment ça, il est mort ? J'hallucine ! Vous me faites revenir en urgence du Texas, je loupe un reportage exceptionnel, une injection létale en *live*. J'arrive et le fameux Roger rend l'âme. Si au moins vous m'aviez prévenue que ça tournait au vinaigre, j'aurais repris un vol direct ! Vous pouviez pas prévoir... elle est bonne, celle-là ! C'est quand même pas banal qu'un de nos invités se retrouve aussi vite en soins palliatifs ! Mais les gars, un sujet pareil, on y veille comme à la prunelle de ses yeux. Je m'étais fendue d'un commentaire en or, sur son cou-

rage, sa générosité, son abnégation, le message d'espoir qu'il allait nous délivrer, malgré sa brutale rechute et ses nouvelles souffrances, etc. "Une longue maladie a eu raison de sa fureur de vivre, il est allongé là, derrière moi, dans l'unité de soins palliatifs du professeur Lambert." C'est bien celui-là que je devais citer, l'ami d'enfance du P-DG de la chaîne ? C'est son gendre ? Encore mieux ! Voilà le résultat, et qu'est-ce qu'on fait maintenant ?

« Ah, j'ai une petite idée... Je vais interviewer sa veuve devant la dépouille : vous allez voir, ça va être bouleversant. Appelez-la *fissa*. Par contre, je n'ai que cette petite robe d'été, vous me mettez Roger dans une pièce chauffée, s'il vous plaît, j'ai les bronches fragiles... »

Les Soleils d'or

En hommage aux grands professeurs, Line Renaud confia un jour à *Télérama* : « Mon souhait le plus cher serait qu'il existe, au même titre que les César ou les Victoires de la musique, un Soleil d'or pour ceux que j'appelle les gardiens de nos vies. »

Samedi 27 août, vingt et une heures trente-six
« Nous allons maintenant remettre le Soleil d'or du meilleur réalisateur de fiction. Et le gagnant est... le professeur Loriebat, pour *Le Dépistage systématique du cancer du sein.*
– Madame la ministre, chère Ghislaine, madame la directrice des Archives départementales, monsieur le directeur du Fonds d'aide à la qualité des soins en ville, madame la sous-directrice des allocations temporaires, et bientôt définitives, d'invalidité des sapeurs-pompiers volontaires – pardon – des agents des collectivités locales... L'émotion m'égare et me brouille la vue... Monsieur le

doyen, madame la... Comment ? Oh, je vous prie de m'excuser, Valérie, oui, je vais abréger. Le temps presse et, à mon grand regret, je n'aurai pas l'occasion d'évoquer l'être exceptionnel que fut ma mère. Permettez-moi seulement de vous lire ces quelques réflexions, je serai bref. Nous sommes nombreux ici à être de grands médecins intermittents du spectacle. Certains d'entre nous sont indemnisés, d'autres pas, peut-être parce qu'ils... Pardon, Valérie ? Écoutez, je vais finir par croire qu'on veut me réduire au silence. Laissez-moi au moins annoncer à cette prestigieuse assemblée les dernières nouvelles en date concernant le dépistage du cancer du sein.

« Chers amis, les résultats pulvérisent toutes les espérances. Sur les neuf premiers mois de l'exercice de l'année, nous affichons 40 000 cancers du sein, contre 30 000 l'an passé. Ces chiffres surpassent les attentes du marché. Ce redressement spectaculaire est la conséquence d'investissements judicieux. Souvenez-vous, il y a deux ans encore : notre production cancéreuse n'excédait pas les 20 000 cas annuels. Au moment où nos voisins cédaient au découragement, nous avons pris le parti inverse. Croyez-moi, la génétique a de beaux jours dev...

– Merci, professeur ! Quelle belle leçon de vie ! Il est temps à présent de révéler le Soleil d'or du meilleur comédien de fiction... Et le gagnant est... le professeur Castagnier, dans *Ça n'arrive pas qu'aux autres.*

– Oh... J'ai chaud au cœur... Permettez-moi de dédier ce trophée à une grande tragédienne... Elle fut une Phèdre extraordinaire. Ne vous en faites pas, ma chère

Valérie, je n'en ai pas pour longtemps. Où en étais-je ? Ah oui : cette comédienne incomparable était Paulette Castagnier, ma mère, aujourd'hui disparue. Dès mon plus jeune âge, elle avait détecté ma faculté à émouvoir. "Ne galvaude jamais ce don sur des planches ou au cinéma, me répétait-elle. Deviens un grand médecin. Dans ce noble art, l'émotion est la clé du succès ; le savoir est secondaire. Le temps de tes études, tu joueras les candides. Une fois professeur, tu n'en seras que plus fourbe." Oui, ne vous impatientez pas, Valérie, je termine... Ma chère maman, ce Soleil d'or, je le brandis à bout de bras vers toi, il est pour to... aaaaaah ! Mon dos !

– Qu'y a-t-il, professeur ?

– Mon dos ! C'est ma sciatique... Je suis bloqué.

– Envoyez la pub !

– Poussez-vous, je suis le docteur Tomès, Soleil d'or du meilleur scénariste l'an dernier. On va vous faire une petite piqûre pour vous soulager, professeur.

– Ah non, hein, pas de piqûre ! Mon médecin me l'avait promis ! »

ÉPILOGUE

Non ! Rien de rien
Non ! Je ne regrette rien
Ni le bien qu'on m'a fait
Ni le mal
Tout ça m'est bien égal

Il en faut, du talent, pour chanter des paroles aussi extravagantes. On voit qu'Édith Piaf n'a jamais été radiologue. Non seulement je regrette le mal qu'on m'a fait, mais aussi le bien qu'on a voulu me faire en me faisant médecin.

BIBLIOGRAPHIE

Dois-je me faire tester pour le cancer ? Peut-être pas et voici pourquoi, H. Gilbert Welch, Presses de l'université Laval, 2005.

Dépistage du cancer du sein. Une bonne intention, une mauvaise théorie, un résultat aberrant, Bernard Duperray, Bernard Junod, revue *Médecine,* vol. 2, n° 8, octobre 2006

Revue *La Recherche* n° 395, mars 2006.

Le Cancer du sein à Marin County, docteur Alice S. Whittemore, Stanford University School of Medicine, Stanford, California, USA, juillet 2003

Postures guerrières de la médecine, Marie-Christine Pouchelle, Centre d'études transdisciplinaires – sociologie, anthropologie, histoire (CETSAH), février 2004.

Œuvre généreuse et salvatrice ou idéologie sanitaire à l'éthique perverse : le dépistage de masse du cancer du sein est-il utile aux femmes ? Marie-Hélène Dilhuydy, Avignon, juillet 1994.

Médecin malgré moi

Le Monde médical parisien au XVIIIᵉ siècle, docteur Paul-Marie Delaunay, Librairie médicale et scientifique Jules Rousset, 1906.

Les Maladies du sein, Charles Gros, éditions Masson, 1963.

Mammographies et dépistage du cancer du sein, revue *Prescrire*, tome 26, n° 272, mai 2006.

Étude du lien entre précocité de la chirurgie sur le cancer du sein et mortalité par cancer du sein, rapport de Bernard Junod, médecin de santé publique, ENSAI (École nationale de la statistique et de l'analyse de l'information), Bruz.

Cancer du sein : danger des certitudes prétendues, B. Junod, R. Massé, C. Quélie, *Santé publique* 2004, vol. 16, n° 1, 21-26.

Knock ou Le Triomphe de la médecine, Jules Romains, 1923.

Le Livre de San Michele, Axel Munthe, 1929.

Les Morticoles, Léon Daudet, 1894.

Souvenirs littéraires, Léon Daudet, 1880-1930.

Le Sang du pauvre, Léon Bloy, 1909.

Journal, Jules Renard, 1887-1910.

Le Médecin volant (1650), *L'Amour médecin* (1665), *Le Médecin malgré lui* (1666), *Monsieur de Pourceaugnac* (1669), *Le Malade imaginaire* (1673), Molière.

TABLE

Prologue	7
Un syndrome redoutable	9
Le yin et le yang	15
Du bon sens des vétérinaires	17
Énarques contre médecins	21
Souvenirs d'externat	27
Je choisis la radiologie	37
Spécialités anciennes	45
Histoires d'os	49
Ma thèse	53
Le conseil de l'ordre des médecins	55
En vertu de l'article 9	63
L'ordre et les erreurs médicales	73
L'ordre et la formation des médecins	77
Premiers actes	87
Deuxièmes actes	97
Les malheurs d'Amélie	107
Les radiologues intelligents	115

Ma négritude	121
Les morticoles	127
Le caractère du chirurgien	133
Les tueurs	137
La clinique du docteur Mabuse	147
Confidence pour confidence	155
Oraisons funèbres	159
Le prix d'un séjour à l'hôpital	163
La médecine à deux vitesses	169
Le dépistage systématique	179
À quel rythme passer une mammographie ?	187
Les gynécologues médicaux	191
Comment devenir médecin médiatique	197
L'aile ou la cuisse	201
Le match	205
Les grands cancérologues	209
Les yeux sans visage	213
Les pionniers	217
Le cancer en chantant	221
Les Soleils d'or	227
Épilogue	231
Bibliographie	233

AU CHERCHE MIDI

Jean-François Carmet
Carmet intime

Nicole Croisille
et Thierry Lecamp
Je n'ai pas vu passer le temps

Philippe Durant
Michel Audiard

Pepita Dupont
*La Vérité sur Jacqueline
et Pablo Picasso*

Gilles Durieux
*Jean Yanne
Ni Dieu ni Maître (même nageur)*

Patrick et Olivier
de Funès
*Louis de Funès
Ne parlez pas trop de moi
les enfants !*

Annie Girardot
*Partir revenir
Les Passions vives*

Sylvia Kristel
Nue

Laurent Malet
En attendant la suite

Mado Maurin
*Patrick Dewaere,
mon fils, la vérité*

Florence
Moncorgé-Gabin
*Quitte à avoir un père,
autant qu'il s'appelle Gabin*

Martin Monestier
*La Callas
Passions et scandales
d'un destin grandiose*

Maria Pacôme
Maria sans Pacôme

Édith Piaf
et Marcel Cerdan
Moi pour toi

Jacques Pessis
*Pierre Dac
Mon maître 63*

Claude Pinoteau
*Merci la vie !
Aventures cinématographiques*

Loïc Rochard
Brassens par Brassens

Seny
Jacques Villeret, mon bébé blanc

Charlotte Valandrey
L'Amour dans le sang

Mis en pages par Nord Compo
Imprimé en France par Firmin-Didot
Dépôt légal : avril 2008
N° d'édition : 1206/16 – N° d'impression : 91244
Suite du premier tirage : juillet 2008
ISBN 978-2-7491-1206-0